Beltz Taschenbuch 902

Über dieses Buch:
Jedes Kind kann Opfer werden. Und immer mehr Kinder und Jugendliche leiden: Berichte über Mobbing an Schulen erschüttern regelmäßig die Öffentlichkeit. Doch Eltern und Lehrer können helfen. Vor dem Hintergrund seiner langjährigen Erfahrung zeigt Karl Gebauer, wie Eltern und Lehrer die Signale von Opfern erkennen können und wie Prävention durch die Stärkung des Selbstwertgefühls und die Entwicklung emotionaler Kompetenz gelingen kann. Er erklärt die unheilvollen Verstrickungen von Opfern, Tätern und Mitläufern im Klassenzimmer und stellt die emotionalen Muster dar, die die Verhaltensweisen der Täter bestimmen. Spezielle Praxisteile für Eltern und Lehrer geben Tipps, wie sowohl Opfern als auch Tätern geholfen werden kann.

»Karl Gebauers Ansatz ist neu: Der ehemalige Lehrer bietet nicht nur Lösungsvorschläge an, sondern er appelliert vor allem dafür, Mobbing als Chance für neue Einsichten zu begreifen und sie zum Lernfeld für psychosoziale Prozesse zu machen. Ein empfehlenswertes Buch. Das liegt vor allem daran, dass es Hilfe anbietet, ohne mit dem Zeigefinger auf Schuldige zu deuten.«
Deutschlandradio

Der Autor:
Dr. Karl Gebauer, geboren 1939, war viele Jahre als Schulleiter tätig und arbeitet seit über 30 Jahren in der LehrerInnen- und ErzieherInnenfortbildung. Arbeitsschwerpunkte: Die Bedeutung der Emotionalität in Erziehungsprozessen, konstruktiver Umgang mit Stresssituationen, Sozialisationsprozesse in der Grundschule, Verhaltensauffälligkeiten im Kindesalter. Neben seiner Seminar- und Vortragstätigkeit publiziert Karl Gebauer seit vielen Jahren zu aktuellen Themen der Erziehung.

Karl Gebauer

Mobbing in der Schule

Das Werk und seine Teile sind urheberrechtlich geschützt. Jede Nutzung in anderen als den gesetzlich zugelassenen Fällen bedarf der vorherigen schriftlichen Einwilligung des Verlages. Hinweis zu § 52 a UrhG: Weder das Werk noch seine Teile dürfen ohne eine solche Einwilligung eingescannt und in ein Netzwerk eingestellt werden. Dies gilt auch für Intranets von Schulen und sonstigen Bildungseinrichtungen.

Beltz Taschenbuch 902
1. Auflage 2007

www.beltz.de

© 2005 Patmos Verlag GmbH & Co. KG
Walter Verlag, Düsseldorf und Zürich
Umschlaggestaltung: Federico Luci, Odenthal
Umschlagabbildung: Mauritius, Mittenwald
Druck und Bindung: Druck Partner Rübelmann, Hemsbach
Printed in Germany

ISBN 978-3-407-22902-1

Inhalt

Dank	7
Vorwort	8

1. Macht und Ohnmacht in Mobbingsituationen — 12
»Du bist blöd und stinkst!« — 13
»Mama, die wollen mich fertig machen!« — 16
»Irgendwann schlage ich zu!« — 20
»Wie schnell man einen Freund verlieren kann …« — 25

2. Was ist Mobbing? — 28
Mobbing ist ein soziales Phänomen — 29
Erscheinungsformen von Mobbbing innerhalb
    der Klasse — 30
Ursachen von Mobbing – entwicklungs-
    psychologische Aspekte — 32
Strukturmerkmale von Mobbing — 33
Innenansicht einer Mobbingsituation — 37
Mobbing als Folge unsicherer Bindungserfahrungen — 43
»Ihr meckert mich an wie meine Mutter« — 48

3. Prävention durch Stärkung des Selbstwertgefühls — 63
Emotionale Kompetenz entwickeln helfen — 66
Kinder stärken durch Geborgenheit — 69
Aktiv im Spiel die Welt gestalten — 71
Schutz durch sichere Bindung — 75
Die Bedeutung der Verschaltungsmuster im Gehirn — 79
Was Eltern tun können — 82
Bedingungen für die Entwicklung psycho-
    sozialer Kompetenz — 88
Zur aktuellen Erziehungssituation — 89

4.	Kinder stützen in der Adoleszenz	94
	Brücken bauen zwischen Fantasie und Wirklichkeit	96
	Phasen der Adoleszenz	97
	Adoleszenz und Gewalt	99
	»Ich nehme mir das Leben« – wenn Mobbing sehr gefährlich wird	102
	»Lasst uns drüber reden!« – wenn Lehrer kompetent handeln	108
5.	Mobbing als Herausforderung für die Pädagogik	113
	Zur Situation des schulischen Lernens	113
	Emotionale Kompetenz als Ziel von Bildung	115
	Affektarbeit und reflektierendes Handeln	125
6.	Was können Lehrerinnen und Lehrer tun?	128
	Signale wahrnehmen – Mobbingstrukturen erkennen	128
	Das »Bühnenkonzept« – ein Arbeitsmodell	133
	»Hinter die Kulissen schauen« – Beispiel für eine moderierte Gesprächsrunde	141
	Lehrerinnen und Lehrer brauchen psychosoziale Kompetenz	148

Schlussbemerkung   153

Literatur   157

Dank

Ich danke den vielen Schülerinnen und Schülern, Eltern, Kolleginnen und Kollegen, die mir in vertrauensvollen Gesprächen wichtige Einblicke in Mobbingprozesse ermöglicht haben.

Besonders danke ich einer Gruppe von Lehrerinnen/Lehrern und Sozialpädagoginnen/Sozialpädagogen aus Gymnasien, Hauptschulen, Realschulen, Berufsbildenden Schulen und Gesamtschulen, mit der ich über einen längeren Zeitraum an konkreten Mobbingfällen gearbeitet habe. Diese intensive Arbeit hat mein Verständnis von Mobbing sehr erweitert.

Ein herzlicher Dank gilt Dr. Christiane Neuen im Lektorat des Walter Verlags für ihre wertvollen Hinweise und Anregungen.

Vorwort

Mobbing ist ein altes Phänomen

Vor einiger Zeit erzählte ich meiner Frau, dass ich mich erneut mit dem Thema Mobbing beschäftigen würde. Kurzes Schweigen, dann erzählte sie:

> »Als ich 10 Jahre alt war, da haben wir auch einen Schüler gemobbt. Er hieß Daniel Weißmüller*. Er hatte sehr reiche Eltern. Die Mutter brachte ihn immer mit einem Cabrio zur Schule. Der Junge kriegte in der Klasse kein Bein auf die Erde.« Und dann berichtete sie von den Gemeinheiten, die sie damals ihrem Mitschüler zugefügt hatten. Das lag nun alles schon über 40 Jahre zurück. »Aber«, sagte sie, »nachdem sich die Eltern bei der Schulleitung beschwert hatten, haben sich die Lehrer sofort eingeschaltet. Das Thema kam auf den Tisch. Ich kann mich heute noch an die Situation erinnern. Die Klarheit, mit der die Lehrer damals Stellung bezogen haben, hat mich überzeugt. Ich habe auch jetzt, wenn ich daran zurückdenke, noch ein schlechtes Gewissen deswegen. Ich bin nie wieder in Versuchung gekommen, mich an einem Mobbingprozess zu beteiligen.«

Mobbing hat es also schon immer gegeben, und auch dieser schon lange zurückliegende Fall macht bereits wichtige Aspekte von Mobbing sichtbar:
1. Die Erfahrung von Mobbing – ob als Mitläuferin, Opfer oder Täter – ist äußerst intensiv und nachhaltig.
2. In dem Augenblick, in dem eine Mobbingsituation aufgedeckt wird und die verantwortlichen Personen (Lehrer,

---

* Alle Namen in den Fallbeispielen wurden geändert.

Schulleitung) klar Stellung beziehen, verlieren Mobber und Mitläufer ihre Macht.
3. Diese kleine Geschichte verweist auf ein sehr wichtiges Grundgefühl, das Mobbingprozesse begleitet: Scham.
4. Sichtbar wird aber auch das Engagement von Eltern und Lehrern. Aufklärung schafft Sicherheit.

Zum Aufbau des Buches

Mobbingprozesse sind sehr vielfältig. Viele Menschen sehen sich in ihrem Alltag damit konfrontiert. Bevor das Phänomen Mobbing genauer definiert wird, geht es im ersten Kapitel des Buches um konkrete Erscheinungsformen von Mobbing aus Elternsicht. Die Beispiele machen deutlich, dass Eltern auf Signale ihrer Kinder, die auf eine Mobbingsituation hindeuten, achten müssen. Eltern können nicht in die gruppendynamischen Prozesse, die in den Klassen ablaufen, eingreifen, aber sie können und sollten ihr Anliegen mit den Lehrkräften oder der Schulleitung besprechen. Oft werden Mobbingprozesse in ihrer Dynamik von Lehrerinnen und Lehrern unterschätzt, und es ist für sie auch nicht einfach, Mobbing im Schulalltag zu entdecken, da die Verhaltensweisen der Mobber und ihrer Mitläufer sehr komplexen inneren Mustern folgen, die auf der äußeren Handlungsebene verdeckt ablaufen. Häufig sind es nur kleine mimische oder gestische Hinweise, die von einer Lehrkraft in ihrer Bedeutung nicht wahrgenommen, von allen eingeweihten Schülerinnen und Schülern aber sofort in ihrem Demütigungscharakter verstanden werden.

Im zweiten Kapitel wird Mobbing als Prozess beschrieben, an dem mehrere Personen in unterschiedlicher Funktion (Mobber, Mitläufer, Zuschauer, Opfer) beteiligt sind. Dabei wird deutlich, dass Mobbing nur dann erfolgreich zu bearbeiten ist, wenn es als soziales Phänomen verstanden wird. Alle an einem Mobbingprozess beteiligten Personen brauchen Anregungen und Hilfe, um ihr Tun zu durchschauen. So schlimm die Ereignisse auch für die einzelnen Schüler sein mögen: In klärenden Gesprächen und über Versuche der Wiedergutmachung können wichtige Erfahrungen für die Entwicklung der eigenen Persönlichkeit gewonnen werden.

In diesem Kapitel geht es auch um die Sonderform von Mobbing, wenn Opfer – ohne es zu wollen – durch eigene Aktivitäten Mitschüler zu Mobbinghandlungen herausfordern. Es spricht vieles dafür, dass sich dieses Muster aus unsicheren Bindungserfahrungen in der frühen Kindheit (vgl. S. 75ff.) entwickelt. Kinder, die auf diese Weise zu Opfern werden, brauchen in der Regel dringend therapeutische Hilfe.

Im dritten Kapitel wird beschrieben, wie Eltern Mobbing vor allem dadurch vorbeugen können, dass sie sich um eine gelingende Persönlichkeitsentwicklung ihrer Kinder bemühen. Hierzu werden Erkenntnisse der Säuglings- und Bindungsforschung hinzugezogen und zu Ergebnissen der modernen Hirnforschung in Beziehung gesetzt.

Im vierten Kapitel findet die Entwicklungsphase vom Kind zum Erwachsenen, die Adoleszenz, besondere Beachtung. Während dieser Zeit sind viele Schülerinnen und Schüler – bedingt durch die vielfältigen körperlichen und seelischen Veränderungsprozesse – verunsichert. Oft sind Mobbingprozesse unmittelbarer Ausdruck dieser elementaren Verunsicherungen. Mobbende Schülerinnen und Schüler haben auf einer unbewussten Ebene das Ziel, sich durch Machtausübung über Mitschüler ein Gefühl von Sicherheit zu verschaffen, wobei es sich natürlich nur um eine Pseudo-Sicherheit handeln kann. Diese »Entwicklungssackgassen« müssen in der Schule beachtet und ernst genommen werden.

Ein wichtiger Schwerpunkt dieses Buches ist die konstruktive Bearbeitung von Mobbing in der Schule. Da Lehrer und Lehrerinnen in der Regel während ihres Studiums und nachfolgender Fortbildungen mit den speziellen Wirkmechanismen von Mobbing nicht vertraut gemacht werden, stehen sie solchen Situationen meist hilflos gegenüber. Im fünften und sechsten Kapitel soll das Buch hier zu einer deutlichen Kompetenzerweiterung beitragen.

1 Macht und Ohnmacht in Mobbingsituationen

Wer in der Schule erfolgreich Mobbingprozesse bearbeiten will, darf nicht nur auf die Aktionen auf der äußeren Handlungsebene schauen. Er muss vielmehr versuchen, die innere Welt der Akteure zu entdecken. Das ist nicht einfach. Aber viele Kinder – auch Jugendliche – sind bereit, uns Auskunft darüber zu geben, was sich in ihrem Inneren abspielt. Sie sind dann bereit, wenn wir Interesse signalisieren und ihnen ein vertrauensvolles Beziehungsangebot machen. Kann dies von Lehrerinnen und Lehrern nicht geleistet werden, ist es nur sehr schwer, dem Opfer zu helfen.

Wichtig ist die Beachtung der Verhaltensmuster, nach denen die Schülerinnen und Schüler in Mobbingsituationen handeln. Damit sind jene Muster gemeint, die sich im Laufe der Kindheit aufgrund vieler Alltagserfahrungen mit anderen Menschen als innere Handlungsmodelle ausgebildet haben – mit ihren Eltern, mit Erwachsenen im nahen Umfeld, mit anderen Kindern und mit ihren Erzieherinnen im Kindergarten (vgl. Kapitel 3). Zunächst ist es jedoch wichtig, dass erwachsene Personen die Signale verstehen, die Kinder in Mobbingsituationen aussenden, und dann die entsprechenden Konsequenzen für ihr Handeln ziehen. Das gelingt leider nicht immer. Das sollen die folgenden Beispiele deutlich machen.

»Du bist blöd und stinkst!«

Die Mutter eines Mobbingopfers erzählt:

»Ich will erst einmal etwas zur Situation der Täterin sagen, ich nenne sie Charlotte. Charlotte war mit meiner Tochter Lena schon während der Orientierungsstufenzeit befreundet. Ihre Eltern sind sehr leistungsorientiert. Wenn Charlotte die Erwartungen ihrer Eltern erfüllte, wurde sie auch geschätzt. Aber dann gab es Probleme in der Familie, hinzu kam, dass der große Bruder für ein Jahr ins Ausland ging. Er war die emotionale Stütze seiner Schwester. In dieser Phase klaute Charlotte meiner Tochter eine Jacke und behauptete, sie geschenkt bekommen zu haben. Mit Charlottes Eltern konnten wir uns nicht verständigen. Sie wiesen die Anschuldigung zurück. Das war alles noch während der 6. Klasse. Dann kamen beide aufs Gymnasium. Neue Mitschüler, neue Orientierungen, Unsicherheiten. Es bilden sich neue Freundschaften. Charlotte scharte drei weitere Schülerinnen um sich und machte Lena fertig. Lena verstand die Welt nicht mehr, sagte aber ein viertel Jahr lang nichts. Später erklärte sie, das habe doch gar nicht sein können, was sie erlebt habe. Sie habe immer gehofft, das müsse doch wieder vorbeigehen.

Vor Klassenarbeiten wurde sie unter Druck gesetzt. »Du übst und übst und wirst die Arbeit trotzdem verhauen. Du bist einfach zu blöd. Du kannst noch so viel üben wie du willst, du wirst höchstens eine 4 schreiben!« Morgens vor der Arbeit fand Lena einen Zettel an ihrem Fahrrad mit der Aufschrift: »Du stinkst!«

Lena hoffte, dass das vorbeigehen würde. Sie hoffte auch, dass sie unter den vielen Schülerinnen eine Freundin finden würde. Vergeblich. Später sagten die Mitläuferinnen: »Wenn Charlotte so einen Hass auf Lena hat, dann muss da doch etwas dran sein.« Im übrigen wollten sie sich da nicht reinhängen, guckten in den entsprechenden Situationen weg.

Die Lehrer merkten nichts. Als die Attacken nicht aufhörten, wandte sich Lena an uns, an ihre Eltern. Wir reagierten sofort, sprachen mit der Klassenlehrerin und einer Fachlehrerin. Die Fachlehrerin wollte ein Auge auf die Mädchen haben. Die Klassenlehrerin sah das Vorgehen als alterstypisch an. Sie hat nichts zur Unterstützung und Klärung unternommen.

Das hatte schlimme Folgen. Lena fiel in den Hauptfächern um zwei Notenstufen ab. Die Demütigungen durch ihre Mitschülerinnen hielten an. Was sollten wir machen? Charlottes Eltern waren nicht kooperationsbereit, die Klassenlehrerin verweigerte sich und die Fachlehrerin nahm nichts wahr. Unser Kind litt und konnte sich nicht mehr konzentrieren. Wir holten uns Rat von einem Therapeuten und nahmen nach einem Jahr unsere Tochter von der Schule. Es heißt, dass das Kollegium sich sehr um die soziale Situation der Schülerinnen und Schüler kümmern würde. Die Schule hat einen guten Ruf, sowohl in Bezug auf die Leistungen als auch auf das soziale Verhalten der Schüler. Aber wir erlebten in unserer Klasse Lehrer, die das Leiden unserer Tochter jedenfalls nicht wahrgenommen haben.

Unserem Kind geht es auf der anderen Schule sehr gut. Lena hat wieder ihr früheres Leistungsniveau erreicht. Wir haben diesen Schritt nicht einen Tag bereut. Andere Eltern sagen, das Problem in der Klasse sei geblieben, nun habe sich Charlotte ein anderes Opfer gesucht.

Lena sagt rückblickend, was da abgelaufen sei, hätten die Lehrer auch gar nicht wahrnehmen können, das sei alles sehr subtil gewesen.«

In diesem Bericht werden wichtige Merkmale von Mobbing-situationen dargestellt. Es gruppieren sich mehrere Mädchen um eine Täterin. Deren Lebenssituation zeichnet sich durch große Unsicherheit aus. Es ist denkbar, dass sie versucht, diese Unsicherheit durch Machtausübung gegenüber einer Mitschülerin zu überwinden. Sie klaut ihr eine Jacke, behauptet aber, diese sei ein Geschenk gewesen. Die Tatsache, dass sie damit durchkommt, stärkt sie in ihrem Machtgefühl. Sie schart Mitschülerinnen um sich, die gemeinsam mit ihr die unterschiedlichsten Demütigungsaktionen gegenüber dem Opfer starten. Das Opfer fühlt sich völlig hilflos. In der Not wendet sich das Mädchen an seine Eltern. Die zeigen Empathie – sogar für die Täterin. Sie holen sich auch Rat von außen, finden allerdings bei den Lehrerinnen kein Verständnis. Und damit sind wir beim entscheidenden Punkt. Wenn Lehrerinnen und Lehrer eine solche Situation nicht richtig einordnen, wenn ihnen das Problembewusstsein dafür fehlt, dann gerät das Opfer in eine hoffnungslose Situation. Die Macht der Mobber wird umso stärker, je mehr sie spüren, dass ihnen von den Lehrerinnen und Lehrern nicht Einhalt geboten wird. In einer solchen Situation gibt es für das Opfer nur die Chance, die Schule zu verlassen.

Gleichzeitig hat das Verhalten der Mobberin und der Mitläuferinnen alterstypische Merkmale. Unsicherheit gehört zur Pubertät (vgl. Kapitel 4). Manche Mädchen versuchen, sich Sicherheit in der Gleichaltrigengruppe über Freundschaften zu sichern. Dagegen ist nichts einzuwenden. Wenn diese Freundschaft allerdings erzwungen wird, wenn man zur Mitläuferin wird, um selbst nicht Opfer zu werden, dann kann sich diese Erfahrung als Handlungsmuster festsetzen. Die freie Entscheidung zu einer Freundschaft wird eingeschränkt und gleichzeitig die Erfahrung gespeichert, dass man auf das Wohlwollen der Mitschülerinnen und Mitschüler angewiesen ist, wenn man eine Freundschaft schließen will. So entsteht ein inneres Muster, das den Selbstentwicklungsprozess zu einer reifen Persönlichkeit erschweren und manchmal stark beeinträchtigen kann.

Um soziale Beziehungen verstehen und einordnen zu können, bilden wir während der frühen Kindheit innere Muster aus. Hirnforscher sprechen in diesem Zusammenhang von der Vernetzung von Erfahrungen im Gehirn. Wenn nun ein Kind Erfahrungen macht, für die es in seinem Gehirn keine Muster ausgebildet hat, die ihm helfen diese Erfahrung zu verstehen, reagiert es irritiert, es »versteht die Welt nicht mehr«: Mobbingopfer haben in der Regel für das, was ihnen angetan wird, kein inneres Erklärungsmuster. Das ist nachvollziehbar. So kommt es, dass sie eine von den Eltern oder Lehrern angeregte therapeutische Betreuung ablehnen. Das ist aber auch ein gutes Zeichen: Sie zeigen innere Stärke und verweisen darauf, dass nicht sie therapiebedürftig sind, sondern die Täterin oder der Täter und die Mitläufer therapeutische Hilfe brauchen.

Für den Erhalt und Aufbau der inneren Stärke, die gerade in der Ablehnung einer Therapie zum Ausdruck kommt, braucht das Opfer die Unterstützung seiner Lehrerinnen und Lehrer. Allein kann es in der Regel eine Mobbingsituation nicht bewältigen. Die Eltern von Lena haben die Signale ihrer Tochter richtig gedeutet und entsprechende Folgerungen gezogen. Auf Unterstützung durch Lehrerinnen und Lehrer dieser Schule konnten sie jedoch leider nicht hoffen.

Ganz anders entwickelt sich eine Situation, wenn die verantwortlichen Lehrer sofort eingreifen. Wenn sie dabei Unterstützung durch Schüler bekommen, erleichtert das eine konstruktive Bearbeitung.

»Mama, die wollen mich fertig machen!«

Die Mutter erhält an ihrem Arbeitsplatz einen Anruf von ihrer Tochter. Sie habe Angst in der Schule. Gerade hätten mehrere Mitschülerinnen auf dem Schulhof einen engen Kreis um sie gebildet und ihr Prügel angedroht. Sie habe sich auf die Toilette flüchten und von dort mit dem Handy anrufen können. Die Mutter solle sie abholen, sie wolle nicht in der Schule bleiben.

Unmittelbar im Anschluss bittet mich die Mutter um ein Beratungsgespräch. Sie erzählt: Schon seit längerer Zeit werde ihre Tochter von mehreren Schülerinnen geärgert. Immer wieder berichte ihre Tochter, sie würde von anderen gehänselt, gemieden, beschimpft. Nun sei offensichtlich eine weitere Eskalation erfolgt. So hoffnungslos habe ihre Tochter noch nie gewirkt wie bei diesem Anruf. Sie habe ihrer Tochter geraten, sofort eine Lehrerin anzusprechen und um Hilfe zu bitten. Bevor sie diesen Rat umsetzen konnte, hatte schon ein Schüler, der die Situation beobachtet hatte, eine Lehrerin informiert.

Ihre Tochter Anja sei 13 Jahre alt und besuche z. Z. die 7. Klasse einer Gesamtschule. Während der 5. und 6. Klasse sei es relativ gut gegangen. Sie sei dort zwar auch schon von einer Mitschülerin gehänselt und geärgert worden, ihre beiden Freundinnen hätten aber immer zu ihr gehalten. Insgesamt sei die Atmosphäre während dieser Jahre in der Klasse nicht sehr gut gewesen. Es habe immer große Unruhe geherrscht. Nach Auskunft der Schüler habe sich die Klassenlehrerin nicht besonders um eine besser Atmosphäre gekümmert. Sie habe auch nur wenig von dem mitbekommen, was sich während des Unterrichts und der Pausen unter den Schülerinnen und Schülern abspielte.

Mit Beginn der 7. Klasse seien die Schüler in einen Real- und Gymnasialschulzweig aufgeteilt worden. Dadurch sei Anja nun nicht mehr mit ihren beiden besten Freundinnen zusammen, die beide den Realschulzweig besuchten. In der neuen Klasse sei sie von Anfang an von Andrea, einer Mitschülerin, gehänselt, beleidigt und auch

17

geschlagen worden. Und nun habe Andrea mit neun weiteren Mädchen auf dem Schulhof einen Kreis um Anja gebildet und ihr Schläge angedroht.

Ihre neue Klassenlehrerin hat den Vorfall sehr ernst genommen und sofort mit Andrea ein Gespräch geführt. Wenn so etwas noch einmal vorkomme, müsse sie mit einem Verweis von der Schule rechnen. In jedem Fall komme es zu einer Klassenkonferenz, bei der über den Vorfall gesprochen werde.

»Meine Tochter«, sagt die Mutter, »meint, dass dies alles nicht erforderlich sei. Sie möchte nur, dass das aufhört.«

Es lassen sich auch bei diesem Beispiel typische Mobbingstrukturen erkennen: Eine Schülerin ist über einen längeren Zeitraum von einer Mitschülerin geärgert worden, andere haben das zugelassen und sind jetzt aktiv mit eingestiegen. Das Opfer gerät in eine ausweglose Situation, kann aber noch die Mutter anrufen und ist auch in der Lage, deren Rat umzusetzen. Damit wird der Beginn einer Veränderung sichtbar.

Unterstützung erfährt das Opfer durch einen Mitschüler, der den Vorfall beobachtet hat und die Lehrerin informiert. Diese nimmt die Situation ernst, interveniert sofort und verhält sich der Täterin gegenüber deutlich und klar.

Wie kann es weitergehen? Man darf an dieser Stelle des Prozesses nicht annehmen, dass nun alles wieder gut sei. Für die Schule ergeben sich folgende Aufgaben:

1. Die Klassenlehrerin sollte die Situation mit den beteiligten Schülerinnen und Schülern besprechen. Mit der Täterin hat bereits ein Gespräch stattgefunden. Ihr wurde angedroht, dass im Wiederholungsfall eine Klassenkonferenz einberufen würde.
2. Die Klassenlehrerin sollte mit dazu beitragen, dass Anjas Selbstwertgefühl wieder gestärkt und
3. eine Integration in den Klassenverband ermöglicht wird.

Im Gespräch mit der Mutter arbeite ich die folgenden Aspekte heraus:

1. Die Mutter sollte, möglichst zusammen mit ihrer Tochter, die Klassenlehrerin aufsuchen, sich bei ihr für ihr schnelles Eingreifen bedanken und überlegen, welche Schritte für Anjas Integration eingeleitet werden könnten.
2. Anja sollte sich bei ihrem Mitschüler bedanken, der sich für sie eingesetzt hat.
3. Klärung der Freundschaftsbeziehungen zu den beiden besten Freundinnen. Diese besuchen zwar jetzt den Realschulzweig, haben aber an den Wochenenden noch Kontakt mit Anja.
4. Kontakt der Mutter mit anderen Müttern aus der Klasse. So könnte auf der Ebene von Bekanntschaft ein weiteres Netz des Vertrauens aufgebaut werden.
5. Nach Menschen suchen, die in der Schule oder in der Freizeit für Anja eine positive Bedeutung haben. Auf diese Anregung hin fielen der Mutter gleich eine weitere Lehrerin und ein Lehrer ein.

Der Vater fällt aus den Überlegungen heraus, weil er sich wenig um die Erziehung seiner Tochter gekümmert hat, wie Anjas Mutter berichtet. Insgesamt sei die familiäre Situation schon seit längerer Zeit nicht einfach: Das Beziehungsverhältnis auf der Eltern-Ebene sei stark belastet und der Vater habe kein Verständnis für die Sorgen seiner Tochter.

Das Ergebnis: Vier Wochen nach diesem Gespräch meldet sich die Mutter. Sie ist erleichtert und erzählt, es habe sich alles zum Guten gewendet, und sie habe die erarbeiteten Perspektiven umgesetzt. Zuerst habe sie mit der Lehrerin gesprochen und sich für ihr Eingreifen bedankt. Ebenso habe sich ihre Tochter bei dem Mitschüler bedankt, der den Vorfall sofort der Lehrerin gemeldet hatte. Die Lehrerin habe mit den Schülern ein Gespräch geführt. Dabei sei deutlich geworden, dass ihrer

19

Tochter von der Mobberin unterstellt worden sei, sie habe ein Geheimnis verraten. Dies stellte sich als falsch heraus. Da es in der Klasse weitere Probleme gab, habe ein außerplanmäßiger Elternabend stattgefunden. Dabei sei herausgekommen, dass die Mobberin auch in andere Konflikte verwickelt gewesen sei. Aber entscheidend sei gewesen, dass nun alle Eltern von den Vorfällen und dem Mobbingprozess, in den ihre Tochter verwickelt war, Kenntnis erhalten hätten. Es sei davon deswegen nichts nach außen gedrungen, weil alle Schüler – mit einer Ausnahme – geschwiegen hätten. Sie alle verband angeblich ein Geheimnis, das von Anja verraten worden sein sollte. Hätten sie mit ihren Eltern über Anjas Leiden gesprochen, wäre ihr Anteil am Mobbingprozess auch offenbar geworden. Ob es wirklich ein Geheimnis gab, konnte nicht geklärt werden, sein vermeintlicher Verrat war jedenfalls Anlass für die Attacken gegenüber Anja. Die Eltern und auch die meisten Lehrer hatten von diesen Vorgängen nichts mitbekommen.

Anja geht heute wieder gern zu Schule. Sie fühlt sich sicher. Das Verhältnis zu den anderen Mädchen – auch zu ihrer einstigen Mobberin – kann jetzt als neutral bezeichnet werden. Eine positive Entwicklung zeichnet sich ab.

Völlig offen – verbunden mit allen denkbaren Gefahren – stellt sich die nachfolgende Situation dar, in der Lehrer und Schulleiter kein Gespür für die Bedrohung entwickeln, sich nicht einschalten, keine Klärungsgespräche führen und das Opfer sich selbst überlassen.

»Irgendwann schlage ich zu!«

Sven besucht die 8. Klasse einer Realschule. Erste Probleme gab es schon in der 5. Klasse. Er wurde von Mitschülern geärgert und auch geschlagen. Zunächst erzählte er nichts zu Hause. Als es immer wieder passierte, wandte er sich an seinen Klassenlehrer. Dieser interpretierte die Vorkommnisse als altersangemessene Rangeleien. Als Svens Mitschüler bemerkten, dass sich Sven immer wieder an seinen Lehrer wandte, nannten sie ihn ein Weichei.

Sven hat noch zwei jüngere Schwestern. Die Familie ist kürzlich aus der nahe gelegenen Stadt aufs Land gezogen. Sven hatte früher keine Freunde und hat auch in seiner jetzigen Klasse keinen Freund. Sein Vater erklärt es damit, dass Sven die Eigenart habe, seinen eigenen Willen durchzusetzen. Er sei wenig flexibel. Wenn er von etwas überzeugt sei, dann kämpfe er auch darum, dass seine Meinung akzeptiert werde. Aber traurig sei das schon, dass er von allen geschnitten werde. Bahne sich einmal eine Freundschaft an, dann halte die nicht lange.

Schnell wird er in seiner neuen Klasse zum Opfer. Für alle war nach wenigen Tagen an der Tafel zu lesen: »Sven ist blöd!« Als die Hänseleien nicht aufhörten, rastete Sven eines Tages aus. Er warf mit der Federtasche seiner Tischnachbarin durch die Klasse, traf eine Mitschülerin am Kopf und verletzte sie leicht. Es war kein gezielter Wurf, das bestätigten später Mitschüler. Das getroffene Mädchen und auch dessen Eltern waren mit einer Entschuldigung zufrieden, zeigten in einem gewissen Umfang auch Verständnis für Svens Verhalten. Die meisten Schülerinnen und Schüler der Klasse kannten die Zusammenhänge, wussten, dass Sven immer wieder Demütigungen ausgesetzt war.

Allerdings fand Sven keinerlei Verständnis bei seiner Klassenlehrerin und auch nicht beim Schulleiter. Sein Verhalten wurde vom Schulleiter in einem Gespräch mit Vater und Sohn als kriminelle Tat bezeichnet. Alle Versuche des Vaters, der Schulleiter möge doch die ständigen Demütigungen, denen sein Sohn in der Klasse ausgesetzt sei, ernst nehmen und bei seiner Würdigung des Ereignisse berücksichtigen, blieben ohne Gehör. Aus der Sicht des Vaters hatten Klassenlehrerin und Schulleiter nur das konkrete Ereignis im Blick, sahen Sven als Verursacher der Tat, was auch nicht bestritten wurde, und machten ihn zum Schuldigen. In der Folge zeigten Mitschüler auf ihn und sagten: »Das ist der, der mit Sachen um sich wirft.«

Sven kam oft traurig nach Hause und weinte. Wehrte er sich, so sagen Lehrkräfte, der Junge verfüge über eine gehörige Portion krimineller Energie.

In der 6. Klasse eskalierte die Situation. Sven ist ein kräftiger Junge, im Sportunterricht allerdings bei manchen Übungen nicht sehr geschickt. Als er wieder einmal eine »komische Figur« machte, wurde er ausgelacht und nach dem Unterricht von Mitschülern umringt und kräftig verprügelt.

Da die Familie in der Schule kein Gehör und auch kein Verständnis fand, suchte sie eine Beratungsstelle auf. Im Zentrum der Gespräche stand die familiäre Beziehungskonstellation. Es wurde über die Beziehungen der Eltern zueinander, zu ihren Kindern und auch über das Verhältnis unter den Geschwistern gesprochen. In den Gesprächen wurde deutlich, dass Sven dazu neigt, in Alltagssituationen seinen Willen durchzusetzen. Das wird von den Familienmitgliedern als eine Eigenart von ihm angesehen und kann von allen so akzeptiert werden. Dieses Verhalten könnte aber einen Rolle dabei spielen, dass er immer wieder in Mobbingsituationen verwickelt wird. Seine beiden Schwestern kommen sowohl in der Familie als auch in der Schule ohne Probleme zurecht. Die therapeutische Beratung ergab keinen Anhaltspunkt dafür, dass die Ursache für Svens Probleme im familiären System liegen könnte. Somit gab es auch keine Hinweise, was die Familie hätten ändern können bzw. wie sie die ständigen Demütigungen von Sven hätte beeinflussen können.

In der Schule blieb Sven das Opfer. Die Familie fand weder bei den Lehrern Verständnis noch waren die Eltern der Mitschüler bereit, die ständigen Konflikte zu thematisieren. Sie wollten nicht daran rühren. Dabei war klar erkennbar, was fast täglich passierte: Ein Mitschüler inszenierte die Beleidigungen und Kränkungen. Er führte eine Gruppe von fünf Schülern an, die immer wieder gegenüber Sven Gewalt ausübten: in der Klasse, in der Turnhalle, auf dem Schulhof oder auf dem Weg zum Bus. In den letzten Wochen der 6. Klasse nahmen die Beleidigungen und Demütigungen so stark zu, dass die Eltern ihren Sohn nicht mehr zur Schule schickten. Sie diskutieren auch mit ihm einen möglichen Schulwechsel. Dieser Vorschlag wird von ihm mit dem Argument zurückgewiesen, dann würde er sich als Verlierer fühlen.

Sven versucht, die verbalen Beleidigungen zu ertragen. Körperlichen Auseinandersetzungen geht er möglichst im Vorfeld aus dem Weg. Obwohl seine Mitschüler die Abläufe durchschauen, erhält er weder von ihnen noch von deren Eltern Unterstützung. Seine Strategie scheint darin zu bestehen, irgendwie durchzukommen. Aus Sicht seiner Eltern wirkt er bedrückt.

Inzwischen hat es einen Wechsel in der Schulleitung gegeben. Daran knüpfen die Eltern ihre Hoffnung, nun könne alles besser werden. Leider zeigt Sven inzwischen Verhaltensweisen, die im Ansatz den Verhaltensweisen seiner Peiniger ähnlich sind. Zusammen mit einem anderen Schüler provoziert er eine Referendarin und versucht, sie im Unterricht bloßzustellen.

Ein Junge gerät in eine Mobbingsituation. Möglicherweise spielt dabei seine Eigenart, seine Vorstellungen mit Nachdruck durchzusetzen, eine Rolle. Dieses Verhalten ist sowohl in der Familie als auch in der Schule bekannt. Allerdings besteht von schulischer Seite kein Interesse an einer Klärung der Ereignisse.

Zuwendung und Interesse seiner Lehrer sowie der Schulleitung an der Klärung der Konflikte, in die Sven immer wieder verwickelt war, hätten zur Aufklärung der Handlungsabläufe führen können. Damit wäre für Sven die Chance eröffnet worden, sein eigenes Verhalten mit dem anderer Schüler in Beziehung zu setzen. Auf diese Weise hätte er vielleicht Strategien entwickeln können, die ihm einen anderen Blick auf die Vorkommnisse eröffnet hätten. Im Rahmen einer gemeinsamen Klärung hätte es für alle Schüler die Chance gegeben, neue Handlungsmuster zu entwickeln.

Aus Sicht der Eltern hat das Leiden ihres Sohnes mit dem unqualifizierten Verhalten der Lehrkräfte und der Schulleitung zu tun. Ein Wechsel in der Schulleitung und Veränderungen im Lehrerkollegium könnten, so hoffen sie, zu einem Verständnis für die Situation ihres Sohnes führen. Hier muss man allerdings sagen: Ein Wechsel allein wird kein Wunder vollbringen. Verhaltensänderungen gelingen nur dann, wenn Lehrerinnen und Lehrer Interesse an den Problemen ihrer Schülerinnen und Schüler entwickeln und mit ihnen gemeinsam nach Lösungen suchen. Zum gegenwärtigen Zeitpunkt muss offen bleiben, wie sich die Situation entwickeln wird.

Wenn Lehrer bei solchen Ereignissen die Augen verschließen und keine Lösungsmöglichkeiten erörtern, eventuell durch ihr Verhalten den Eindruck verstärken, schuld an allem sei das Opfer, dann verstärken sie in der Regel die Aktivitäten der Täter. Sie tragen aber auch mit dazu bei, dass sich beim Opfer Gefühle wie Wut und Rache entwickeln. Wenn die Betroffenen keine Hilfe erhalten, führt dies dazu, dass diese Gefühle leicht in Demütigungen und Gewalttaten gegenüber schwächeren Personen umgewandelt werden.

Es ist also sehr wichtig, dass Lehrkräfte Hinweise der Eltern auf ein mögliches Mobbingproblem ernst nehmen, auch wenn zunächst nicht klar ist, ob es sich wirklich um Mobbing handelt, wie im nächsten Beispiel deutlich wird.

»Wie schnell man einen Freund verlieren kann ...«

Markus besucht die 2. Klasse. Während seiner Kindergartenzeit hat er sowohl mit Jungen als auch mit Mädchen gespielt. Es gab eine Freundschaft zu einem Jungen, die aber eher durch eine Art Hass-Liebe gekennzeichnet war. Er war und ist ein aufgeschlossener und kontaktfreudiger Junge, hat allerdings keinen besten Freund.

Während des ersten Schuljahres ging es ihm relativ gut. Er hatte – auch nachmittags – Kontakt zu seinen Mitschülern. Mit Beginn des 2. Schuljahres tauchten dann erste Probleme auf. Insgesamt besuchen 25 Kinder die Klasse, acht von ihnen sind Jungen. Jörn und Gero entwickelten sich zu den »Bestimmern« in der Jungengruppe. Es scheint so, als sei Gero der »Boss«. Jörn ist allerdings ein guter Fußballer und hat von daher den größeren Einfluss. Zwischen beiden besteht so etwas wie eine Rivalität. Bisher scheint keiner die Macht an sich reißen zu können. So agieren sie gemeinsam und haben in der letzten Zeit Jürgen, mit dem Markus bisher oft zusammen spielte, auf ihre Seite gezogen. Die beiden Bestimmer hatten ihn aufgefordert, sich zwischen ihnen und Markus zu entscheiden. Die Entscheidung fiel zugunsten der »Mächtigeren« aus. Markus ist zwar auch kräftig, er hat aber nicht die Motivation, das Gruppengeschehen zu beeinflussen, sondern möchte einfach dazugehören. Er ist ein sehr guter Schüler, aber kein so guter Fußballspieler.

Das Fußballspiel hat für die Jungen große Bedeutung. Hier können sie ihr Geschick, ihre Einsatzfreude, ihr fußballerisches Können zeigen. So schön ein solches Spiel auch von außen aussehen mag, es gibt bei den von den Schülern selbstorganisierten Fußballspielen im Hintergrund immer auch eine Machtstruktur. Meistens ist es ein

Schüler, der über die Mannschaftsaufstellung bestimmt oder auch darüber, welcher Schüler auf welcher Position spielt. Seine Macht wächst mit der Bereitschaft seiner Mitschüler, seinen Anweisungen zu folgen. Diese Macht wird zur Zeit von Gero und Jörn gegenüber Markus ausgeübt. Sie entscheiden, wann und ob Markus mitspielen darf. Die übrigen Schüler lassen das geschehen.

Die Eltern haben ihre Wahrnehmungen der Lehrerin mitgeteilt, die auch sofort mit den Jungen darüber gesprochen hat. Es bestätigt sich, dass Gero und Jörn darüber entscheiden, wer mitspielen darf und wer draußen bleiben muss. Als Mobbing würde sie die Vorgänge allerdings nicht bezeichnen.

In den letzten Wochen war Markus oft traurig. Bei seinem Gitarrenlehrer hat er einmal ganz plötzlich geweint, ohne dass ein Grund ersichtlich war. Im Gespräch deutete er dann sein Problem an. Sein Freund habe sich zwischen ihm und den Fußballern entscheiden müssen. Er habe sich für die Fußballer entschieden. Nun habe er seinen Freund verloren. Die Eltern haben vorsorglich eine Therapeutin mit dem Ziel aufgesucht, Markus eine Chance zur Stabilisierung zu geben.

Die Eltern sind darüber besorgt, dass zwei Jungen eine so große Macht haben, ihrem Sohn den Freund wegzunehmen, und sie möchten auch nicht, dass zwei Schüler darüber bestimmen, wer während der Pausen am Fußballspiel teilnehmen darf. Sie hoffen, dass die Lehrerin die Gruppe im Blick hat und gegebenenfalls Konflikte aufgreift und mit den Kindern bespricht.

In diesem Beispiel wird ein typisches Muster von Mobbing deutlich: Es gibt Mobber, Mitläufer und ein Opfer. Die Macht wird durch Ausschluss eines Mitschülers vom Fußballspiel ausgeübt. Jürgen, der mit Markus befreundet war, musste sich zwischen seinem Freund und den »Bestimmern« entscheiden. Da es den übrigen Jungen darum geht, einfach mitspielen zu können, tun sie nichts für die Integration von Markus. Er ist damit isoliert. Seine Eltern sind problembewusst und sehr empathisch, sie bemerken die Veränderungen ihres Sohnes schnell und thematisieren diese zusammen mit ihm, dem Gitarrenlehrer und der Klassenlehrerin. Vorsorglich suchen sie eine Therapeutin auf. Die Klassenlehrerin will sich kümmern, interpretiert aber die Vorfälle noch nicht als Mobbing. Es ist offen, wie sich die Situation entwickeln wird.

Die Dynamik liegt in der Jungengruppe und muss dort bearbeitet werden. Dies kann am ehesten durch die Klassenlehrerin geschehen, wenn sie die Vorgänge angemessen interpretiert und geeignete Gesprächsformen findet. Eine Stabilisierung durch eine Therapeutin ist sinnvoll, auch wenn, wie schon beschrieben, das Ganze aus Sicht des Opfers so beschrieben werden könnte: »Warum muss ich zur Therapeutin? Da müssten doch die anderen hin, die mir das antun. Ich verstehe nicht, warum die mich ausschließen! Darüber bin ich traurig, vielleicht auch wütend. Ich verhalte mich doch normal!«

Die Eltern nehmen die Signale ihres Kindes wahr und deuten sie als Ausdruck einer dahinter verborgenen Mobbingsituation. Die Lehrerin kann dieser Deutung noch nicht folgen, wird aber den Fortgang der Ereignisse beobachten. Ob es sich nun um Mobbing handelt oder nicht wird sich noch herausstellen müssen.

2 | Was ist Mobbing?

Berichte über Mobbingsituationen in einigen Schulen haben in der Öffentlichkeit ein großes Erschrecken über die Brutalität mancher Täter ausgelöst. Besonders in Erinnerung dürften die Qualen und Demütigungserfahrungen eines Berufsschülers aus Hildesheim geblieben sein. Neun Schüler aus dem Berufsvorbereitungsjahr »Metall« hatten ihren 17 Jahre alten Mitschüler Dieter-Dennis von November 2003 bis Ende Januar 2004 geschlagen, getreten und gedemütigt.

»Sie stülpten ihm einen Plastikeimer über den Kopf und schlugen mit Stahlrohren darauf, sie zwangen ihn, Kreide und Zigarettenkippen herunterzuwürgen. Aufnahmen dieser Misshandlungen stellten sie ins Internet. Das Opfer befindet sich immer noch in einer Therapie.« (Göttinger Tageblatt, 10.6.04)

Wegen räuberischer Erpressung, gefährlicher Körperverletzung und Nötigung in zahlreichen Fällen wurden die drei Hauptbeschuldigten zu einem Freiheitsentzug zwischen 15 und 22 Monaten verurteilt – und zwar ohne Bewährung. Die übrigen Beteiligten mussten einen Arrest von zwei Wochen absitzen und ein Schüler hatte 80 Stunden gemeinnützige Arbeit abzuleisten. Gegen den Berufsschullehrer wurden Ermittlungen eingeleitet.

Viele Fragen stehen unbeantwortet im Raum. Verfügen Lehrerinnen und Lehrer über die erforderlichen Qualifikationen, um solche Situationen wahrzunehmen, zu thematisieren und erfolgreich zu bearbeiten? Gelegentlich wird die Meinung vertreten, die Probleme seien so groß, dass sie mit pädagogischen Mitteln nicht gelöst werden könnten.

Mobbing ist ein soziales Phänomen

Der Begriff Mobbing kommt von engl. »to mob« = schikanieren, anpöbeln. Mobbing bedeutet, dass eine Person belästigt und ausgegrenzt wird (Alsaker 2005). Die gemobbte Person gerät in eine hilflose Position. Bei Mobbing spielt auch der Zeitfaktor eine wichtige Rolle. Man sprich nur dann von Mobbing, wenn die Schikanen systematisch und wiederholt auftreten und sich über einen längeren Zeitraum erstrecken. Einmalige Ereignisse dürfen daher nicht als Mobbing angesehen werden. Auch wenn zwei etwa gleich starke Parteien in gewalttätige Auseinandersetzungen geraten, spricht man nicht von Mobbing.

Mobbing in der Schule ist ein aggressiver Akt und bedeutet, dass ein Schüler oder eine Schülerin über einen längeren Zeitraum (z. B. ein halbes Jahr) von Mitschülern belästigt und/oder ausgegrenzt wird. Mobbingprozesse laufen in der Regel verdeckt ab. Mobber wollen treffen, aber selber nichts abbekommen. Die Opfer fühlen sich hilflos und können sich nicht allein aus ihrer Isolation befreien. Beteiligte Personen – auch die Täter – senden aber fast immer Signale. Diese müssen von den Erwachsenen wahrgenommen, gedeutet und als Ausgangspunkt für Klärungsgespräche genutzt werden. Lehrer finden die Ereignisse oft belanglos und schenken ihnen keine oder zu geringe Beachtung. Damit unterstützen sie indirekt die Macht der Mobber. In der Regel sind alle Schüler einer Klasse, auch wenn sie in unterschiedlichen Rollen (Mobber, Opfer, Mitläufer, Zuschauer) agieren, mit den Vorgängen vertraut. Mobbing ist daher kein individuelles, sondern ein soziales Phänomen. Deswegen müssen alle Beteiligten einer Klasse auch an einer Klärung beteiligt werden.

Erscheinungsformen von Mobbing innerhalb der Klasse

Die Erscheinungsformen von Mobbing sind vielfältig. Ohne Rangfolge werden einige aufgeführt:

- Hefte und andere Materialien verschwinden,
- Schulsachen werden beschädigt oder zerstört,
- Kleidungsstücke werden versteckt oder zerstört,
- das Fahrrad wird beschädigt,
- über einen Schüler / eine Schülerin wird hinter seinem / ihrem Rücken schlecht geredet,
- es werden über eine Person Gerüchte verbreitet,
- es erfolgt ein Ausschluss aus sozialen Verbindungen,
- jemand wird vor andern lächerlich gemacht, z. B. beim Lösen einer Aufgabe an der Tafel,
- Mitschüler machen Andeutungen, flüstern,
- jemand darf bei Gruppenarbeiten nicht mitmachen,
- man verbietet einem Schüler/einer Schülerin, sich aktiv am Unterricht zu beteiligen,
- Kinder, die sich mit dem Mobbing-Opfer solidarisieren, werden unter Druck gesetzt,
- es kommt zu körperlichen Übergriffen (stoßen, schlagen, kneifen, treten, Bein stellen, streicheln, tätscheln, Nahrung verunreinigen),
- es gibt sexuelle Diffamierungen, Verleumdungen, Anspielungen und Provokationen,
- Demütigungen erfolgen mit Worten und Zeichnungen auf Zetteln, in Briefen, in E-Mails und durch Nachrichten auf dem Handy,
- andere Kinder werden zu aggressiven Taten gegen das Mobbing-Opfer angestachelt,
- man macht sich über etwas Persönliches lustig (Körperformen, Nase, Frisur, Behinderung),
- jemand wird permanent als dumm hingestellt, wird

beschimpft und beleidigt, unter Druck gesetzt, bedroht (mit und ohne Waffen),
- es werden Verletzungen zugefügt,
- es kommt zu Erpressung von Geld oder anderen Leistungen (Lauper 2005).

Viele der aufgelisteten Merkmale können im Laufe der Kindergarten- und Schulzeit immer wieder einmal auftreten. Deswegen handelt es sich aber noch nicht um Mobbing. Erst wenn die Drangsalierungen über einen längeren Zeitraum systematisch eine Person treffen, sprechen wir von Mobbing. Die Folgen sind beachtlich: Mobbing hat Einfluss auf das Klassenklima und führt bei betroffenen Schülerinnen und Schülern zu einer Beeinträchtigung ihrer Leistungsfähigkeit. Ihre sozialen Kontakte werden beeinträchtigt, es erfolgt immer wieder ein Abwertung ihrer Person und ihr soziales Ansehen leidet stark. Es müssen auch gesundheitliche Beeinträchtigung in Betracht gezogen werden, auch wenn Symptome wie Bauch- und Kopfschmerzen, allgemeine Schwächegefühle, Appetitlosigkeit, Müdigkeit andere Ursachen haben können.

Gespräche mit den beteiligten Schülerinnen und Schülern können dann Veränderungen bewirken, wenn Lehrkräfte Interesse an den Ereignissen haben und das Vertrauen ihrer Schülerinnen und Schüler genießen. Oft kann sich Mobbing nur dadurch ereignen, weil Lehrer den emotional-sozialen Vorgängen in einer Klasse keine oder ein zu geringe Beachtung schenken. Auf diese Weise verlieren sie Autorität. Das so entstehende Machtvakuum kann sehr schnell von Schülern zur eigenen Machtentfaltung genutzt werden. Lehrkräfte, die solchen Entwicklungen nicht die nötige Aufmerksamkeit schenken, tragen indirekt mit dazu bei, dass sich in einer Klasse Mobbing ereignen kann. Auf welche Weise Lehrerinnen und Lehrer die dem Mobber überlassene Macht wieder an sich nehmen können, wird ausführlich in den Kapiteln 5 und 6 beschrieben. Dort wird ein pädagogisches Handeln beschrieben, das deutlich macht, wie Lehrkräfte mit dem Phänomen Mobbing umgehen und betroffenen Schülern und Schülerinnen aus der Mobbingfalle heraushelfen können.

Ursachen von Mobbing – entwicklungspsychologische Aspekte

In kaum einem pädagogischen Problemfeld gibt es hinsichtlich der Ursachen eine so große Unsicherheit wie beim Mobbing. Oft wird die gesellschaftliche Situation als Erklärung herangezogen und dann auf die Perspektivlosigkeit vieler Jugendlicher hingewiesen. Für viele gibt es keine oder nur eine geringe berufliche Ausbildungschance. Familiäre Entwurzelung und die unzähligen negativen Vorbilder, die Medien täglich verbreiten, werden als Beeinflussungsfaktoren genannt. Da aber Mobbing schon bei Kindern im Kindergarten zu beobachten ist, müssen die Ursachen auch in der individuellen Erfahrung eines Menschen gesucht werden. Damit sind wir bei der Bedeutung von entwicklungspsychologischen Gesichtspunkten.

Mobbing hat nicht nur eine gesellschaftliche, sondern auch eine entwicklungsgeschichtliche Komponente. Im Zentrum von Mobbingprozessen steht die Umwandlung eines Ohnmachtsgefühls. Innere Leere, die mit Unsicherheit einhergeht, wollen die Betroffenen auf diese Weise in ein Allmachtsgefühl umwandeln. Dabei wird in den meisten Fällen auch Gewalt eingesetzt oder angedroht. Aus diesem Grund müssen Mobbingprozesse im Zusammenhang mit Größenfantasien und ihrer Bedeutung in der kindlichen Entwicklung betrachtet werden. Diese gehören in den Bereich der Persönlichkeitsentwicklung. Wer erfolgreich Mobbingphänome bearbeiten will, muss sich mit der Persönlichkeitsentwicklung beschäftigen und sich besonders um die Entwicklung des Selbstwertgefühls kümmern. Es geht um die Entwicklung von psychosozialer Kompetenz bei den Kindern.

Größenfantasien sind bereits bei Kindern im Kindergartenalter zu beobachten. Oft geht der Wunsch so weit, die ganze Welt zu beherrschen. Eltern, Erzieherinnen und Lehrkräfte sollten diese Fantasien einordnen können und den Kindern helfen, zwischen Fantasie und Realität Brücken zu bauen.

Omnipotenzgefühle werden vor allem in der Adoleszenz sichtbar. Sie bekommen durch die psychische und körperliche Entwicklung des Individuums eine ganz andere Wucht. Der Adoleszente kann im Gegensatz zum Dreijährigen mit Waffen umgehen, kann sie sich auch besorgen. Er kann andere zwingen, sich seinem Willen unterzuordnen und sich an Gruppenexzessen zu beteiligen, denkt man z. B. an jugendliche Amokläufer: »Wie ein strafender Gott taucht er auf und vernichtet die, die ihn gekränkt haben.« (Erdheim 2002, S. 328) Damit sind extreme Verhaltensweisen angedeutet. Androhung von Gewalt muss gerade während der Adoleszenz sehr ernst genommen werden. Sie spielt auch bei Mobbingprozessen eine wichtige Rolle und führt bei Mitläufern oder Opfern zu großer Angst.

Strukturmerkmale von Mobbing

Mobbing bedeutet Machtausübung über andere. Bei Mobbing unter Schülern geht es in der Regel auf der »äußeren Bühne« (Kindergarten, Klassenzimmer, Schulhof) um einen über einen längeren Zeitraum anhaltenden Prozess, bei dem ein Schüler oder eine Schülerin einen Mitschüler/eine Mitschülerin zum Opfer macht. Was sich dabei auf der »innern Bühne« abspielt (Gedanken, Gefühle, Strategien), ist für den Beobachter verborgen und lässt sich nur über Gespräche und nachfolgende Interpretationen erschließen.

Die Grundstruktur von Mobbing lässt sich so darstellen (siehe Abb. 1):

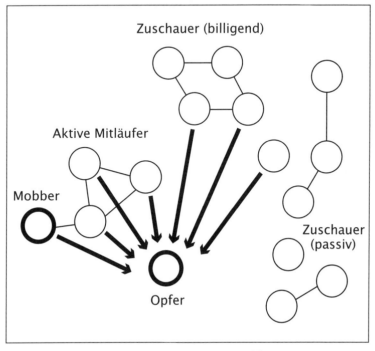

Abb. 1: Grundstruktur von Mobbing

Um einen Mobber herum gruppieren sich Mitläufer. Der Täter bindet sie oft über Gewaltandrohung oder die Drohung, die Freundschaftsbeziehung aufzulösen. Diese Mitläufer unterstützen den Täter und schützen ihn. Die Aktionen laufen so ab, dass sie meistens von allen Schülern einer Klasse wahrgenommen werden, gegenüber den Lehrerinnen und Lehrern aber verdeckt bleiben. Gegenüber dem Lehrpersonal verhalten sich die Täter oft äußerst zuvorkommend und höflich. Dies gehört zu ihrer Strategie und trägt gleichzeitig zu einem Anstieg ihrer Machtfülle bei. Wenn die Lehrkräfte die Vorgänge nicht durchschauen und nicht eingreifen, kann sich ein Täter im Extremfall alles erlauben. Seine Macht wächst in den Augen seiner Mitschüler, während die Autorität der Lehrkräfte schwindet. Sie erscheinen als schwach und werden deswegen von Mitläufern oder Opfern nicht um Hilfe gebeten. Wird einem Mobbingprozess nicht Einhalt geboten, können sie die gesamte Atmosphäre einer Klasse vergiften, mit allen Folgen, die damit verbunden sind. Bauer (2005, S. 115ff.) spricht in diesem Zusammenhang von einem »systematischen Ausschluss aus dem Raum der sozialen Zugehörigkeit«. Für das Opfer handelt es sich aus neurobiologischer Sicht um »Akte biologischer Vernichtung«.

Bei Mobbingprozessen gibt es nicht immer eine scharfe Trennung zwischen Tätern und Mitläufern. Die Gruppierungen ändern sich. Innerhalb der Gruppen kommt es zu Rivalitäten. Täter und Mitläufer üben Macht aus mit dem Ziel der Demütigung eines Mitschülers / einer Mitschülerin. Oft wird Gewalt angedroht oder auch ausgeführt. In der Regel geht es darum, über subtile oder direkte Machtausübung einen Zustand innerer Sicherheit und Zufriedenheit zu erlangen. Erlebt ein Mobber immer wieder, dass Mitschüler seine Anweisungen ausführen, kann er sich stark und mächtig fühlen. Dies gilt natürlich nur für die bestimmt Situation. Es handelt sich um ein Muster, über das ein Mensch nie wirklich ans Ziel seiner Träume gelangt, und so muss es immer wiederholt werden. Es sei denn das Muster wird erkannt und von außen außer Kraft gesetzt.

Mobbing unterscheidet sich in seiner Struktur von anderen Arten von Gewaltausübung. In Gewaltsituationen, die nichts oder nur wenig mit Mobbing zu tun haben, werden oft von einem Täter einzelne Personen oder Personengruppen angegriffen. Manchmal bilden sich Gruppen oder Banden, die gegeneinander kämpfen. Meistens ist diese Art der Gewaltausübung offen erkennbar. Sie wird angedroht, und potenzielle Opfer können sich damit auseinander setzen, Alternativen erwägen, Hilfe holen usw. (siehe Abb. 2). Dies ist bei Mobbing anders.

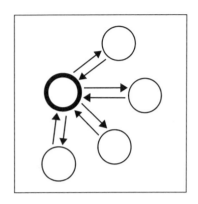

Abb. 2:
Verschiedene Strukturen von Gewalt

Gewalt kann von einer Person ausgehen und sich gegen verschiedene Personen richten

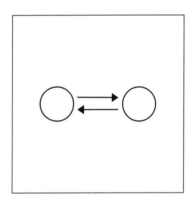

Gewalt kann sich zwischen zwei Personen ereignen

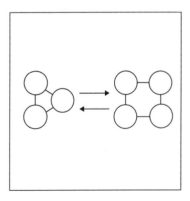

Gewalt kann sich zwischen Gruppen ereignen

Innenansicht einer Mobbingsituation

Das folgende Beispiel erstreckt sich über einen Zeitraum von fast einem Jahr. Es sind acht Jungen einer vierten Klasse beteiligt. Sie sind zwischen 9 und 11 Jahre alt. Es gibt den Blick frei auf die innere Bühne eines Mobbingprozesses (Gebauer 1996).

Finn kommt während des Unterrichts zu mir und bittet mich um Hilfe. Er habe ein Problem mit Tom, könne es aber allein nicht lösen. Das Gespräch mit den beiden Jungen zeigt, dass Finn Tom zum exklusiven Freund haben möchte. Diesen Anspruch will Tom nicht erfüllen. Er möchte auch mit anderen Jungen befreundet sein. Zu diesen anderen Jungen gehört Simon, den Finn schon seit einiger Zeit in eine Außenseiterposition gebracht hat. Dabei hatte er Helfer (Mitläufer).

Das Muster, das erst im Verlauf der Aufklärung sichtbar wird, lässt sich aus der Sicht von Finn so charakterisieren: »Ich will unter allen Umständen Tom als Freund, deswegen muss ich andere Freundschaftsbeziehungen unterbinden.« Das Muster funktioniert aber nur dann, wenn andere an diesem Ausschluss- und Demütigungsprozess teilnehmen (Mitläufer für Demütigung). Tom fühlte sich durch Finns Anspruch so sehr in die Enge getrieben, dass er ihm seine Freundschaft aufkündigte. Das war für Finn der Anlass, seinen Lehrer um Hilfe zu bitten.

Über Monate, aber das wird erst in weiteren Gesprächen deutlich, hatte Finn seine Macht gegenüber anderen ausgespielt, indem er z. B. darüber entschied, wer am Fußballspiel teilnehmen durfte. Dies war ihm nur dadurch möglich, dass sein Verhalten von Mitschülern akzeptiert, zumindest aber toleriert wurde. Schließlich konnte Tom diese immer stärker werdende Machtentfaltung nicht mehr ertragen. In dem erbetenen Gespräch muss Finn sich nun von Tom mit der Realität konfrontieren lassen. In diesem Gespräch kann der Sachverhalt, der zum Abbruch der Freundschaftsbeziehung geführt hatte, klar formuliert werden. Tom möchte nicht nur Finns Freund sein, sondern auch mit anderen Jungen befreundet sein. Außerdem stört es ihn, dass Finn so viele Entscheidungen trifft, bei denen die anderen Jungen nicht mitreden dürfen. Tom stellt sich gegen Finns Entscheidungen und Finn spürt, dass seine Macht schwindet, sein Muster nicht mehr funktioniert. An einem der folgenden Tage muss Finn erleben, dass er, der über viele Mitläufer verfügte, von der Gruppe ausgeschlossen wird. Seine sieben Mitschüler teilen ihm vor Beginn des Unterrichts mit, dass sie nichts mehr mit ihm zu tun haben wollen.

Konfrontation mit der Realität

Ich spüre während des Unterrichts die Spannung, die in der Gruppe herrscht. Finn bittet mich erneut, ihm zu helfen. Die Jungen aus der Klasse werfen Finn vor, er wolle immer alles bestimmen, zum Beispiel allein darüber entscheiden, wer in welcher Position am Fußballspiel teilnehmen dürfe. Er habe auch schon Mitschüler gezwungen, ihm Würstchen und Zeitschriften mitzubringen. Ein Schüler habe ihm den Eintritt für einen Kinobesuch bezahlen müssen. Wer der Aufforderung nicht nachgekommen sei, der sei von Finn geschlagen worden. Finn hatte sogar entschieden, dass Simon nicht an Toms Geburtstagsfeier teilnehmen durfte. Jetzt sei Schluss damit, sagten einige Schüler.

Finn weint. Seine Mitschüler sagen, jetzt wisse er vielleicht, wie sich Simon und Udo gefühlt hätten, die Finn immer wieder unter Druck gesetzt habe. Er müsse keine Prügel befürchten, rächen wollten sie sich nicht, aber spielen wollten sie nun auch nicht mehr mit ihm. Das hätten sie sogar geschworen. Einzelheiten würden sie darüber nicht mitteilen, das gehöre zu ihrem Schwur.

In den inneren Erlebnisräumen der Kinder ist Finn so stark, dass sie glauben, nur durch einen Schwur die Kräfte bündeln zu können, die es braucht, um seine Macht zu brechen. Am nächsten Tag fehlt Finn. Die Schüler bitten erneut um ein Gespräch. Sie müssen noch einmal über alles reden. An ihren Äußerungen wird sichtbar, wie schwach sie sich selbst als Gruppe gegenüber Finn gefühlt haben. Sie hätten den Druck, den Finn auf sie ausgeübt habe, kaum noch ausgehalten, deswegen hätten sie sich zusammengeschlossen und einen Schwur geleistet.

Ein Gespräch mit Finns Eltern zeigt, dass sie von den Ereignissen völlig überrascht sind und sich das Verhalten ihres Sohnes nicht erklären können. Vater und Mutter haben sich immer um ihren Sohn gekümmert. Er verfügt über genügend Taschengeld. Morgens frühstückt die Familie gemeinsam. Er bekommt auch ein reichhaltiges Frühstück für die Schule. Aus dem Gespräch geht hervor, dass es bei Finn eine tiefsitzende Angst gibt. Er sei einmal von einem Auto angefahren worden. Das sei eine lebensbedrohliche Situation gewesen. Er habe öfters gesagt, nicht genügend Luft zum Atmen zu haben, teilen die Eltern mit. Ob hier eine Angst begonnen hat, die Finn durch sein Machtgebaren zu bewältige sucht, kann nur als vage Vermutung angenommen werden.

Mein Interpretationsrahmen für meine künftige Arbeit sieht so aus: In Finns Handlungsweisen zeigt sich, dass er nach einer befriedigenden emotionalen Sicherheit strebt. Diese Sicherheit versucht er dadurch zu erreichen, dass er eine bedingungslose Freundschaft einfordert und über andere Schüler Macht ausübt.

In der Jungengruppe kommt es in der Folge zu unterschiedlichen Koalitionen (Gruppenbildungen). Manche Gruppen wollen wieder mit Finn kooperieren, signalisieren Annäherung, andere schotten sich ab, schließen ihn weiter aus. Dies ist der Anlass zu einem erneuten Gespräch.

Ich rede mit den Jungen über Stärken und Schwächen und sage, sie hätten es geschafft, sich von Finn abzugrenzen, ihm ihre Meinung zu sagen, sich nicht mehr von ihm unterdrücken zu lassen, darin liege Stärke. Das sei zur Klärung der Situation wichtig und notwendig gewesen. Aber nun komme es darauf an zu prüfen, ob und wann sie als Einzelne oder als Gruppe so stark seien, dass es ihnen möglich wäre, Finn wieder aufzunehmen, ihn an ihren Spielen zu beteiligen. Darüber sollten sie in den nächsten Tagen nachdenken.

Die Lösung

Am nächsten Morgen kommen einige Schüler auf mich zugerannt und erklären, dass sie sich wieder mit Finn vertragen hätten. Die Initiative sei von Tom, Simon und Udo ausgegangen. Sie hätten noch Mathis angesprochen, ob er sich vorstellen könne, sie zu unterstützen, und dann sei alles ganz schnell gegangen. Auf dem Weg zur Bushaltestelle hätten sie zu Finn gesagt, dass sie ihn wieder aufnehmen wollten. Er hätte sich darüber sehr gefreut. Drei Jungen wollen ihre Bereitschaft für eine Aufnahme Finns in ihren Kreis von der weiteren Entwicklung abhängig machen.

Die neu erworbene Selbstsicherheit der Schüler ist es, die es ihnen ermöglicht, Finn wieder in ihren Kreis aufzunehmen, ohne die Befürchtung haben zu müssen, dass sie ihm wieder hilflos ausgeliefert sein könnten. Es sind die beiden Schüler Simon und Udo, die am meisten unter Finn zu leiden hatten, und es ist Tom, dessen Freundschaft Finn erzwingen wollte. Nun ergeben sich für alle Schüler neue Chancen. Eine erste Bewährung erfährt die neue Selbstsicherheit bei den Vorbereitungen zum einwöchigen Landschulheimaufenthalt. Alle Jungen wollen gemeinsam in einem Zimmer übernachten.

An diesem Beispiel wird deutlich, dass auch Mobber Signale aussenden, die von Lehrern wahrgenommen und richtig interpretiert werden müssen. Finns Signal bestand in seinem Hinweis auf den drohenden Verlust einer Freundschaft. Bis zu diesem Zeitpunkt hatte der Lehrer nichts von einem Mobbingprozess, der ein Jahr lang von Finn gesteuert worden war, wahrgenommen. Nun spielt sein bester Freund nicht mehr mit. Finn ahnt, dass damit sein gesamtes Handlungsmuster wie ein Kartenhaus in sich zusammen fallen wird. In seiner Not wendet er sich an seinen Lehrer. Ihm gegenüber kann er natürlich nicht die gesamten Vorgänge offen legen. Sein Vertrauen reicht aber so weit, dass er sich Hilfe in Bezug auf die bedrohte Freundschaftsbeziehung erhofft. Dass durch die Achtsamkeit seines Lehrers nun auch viele andere Aspekte, die das Zusammenleben in der Klasse betreffen, sichtbar werden, konnte Finn bei seinem Hilferuf nicht ahnen. Unbemerkt von seinen Lehrerinnen und Lehrern hatte er ein Jahr lang die Fäden in der Hand gehalten. Er entschied darüber, wer mit wem spielen durfte oder vom Spiel ausgeschlossen wurde. Damit bestimmte er auf der äußeren Bühne (Klassenzimmer, Sportplatz, Schulhof) über die Regeln des Zusammenspiels. Das gab ihm, der möglicherweise unter einer tief sitzenden Angst litt, eine gewisse Sicherheit. Hypothetisch kann man davon ausgehen, dass er auf diese Weise sein inneres Problem auf der Außenbühne inszeniert hat.

Von Inszenierungen sprechen wir, wenn Kinder ihr inneres Erleben, z. B. die Erfahrung von Ablehnung durch die Mutter, in ihrem Verhalten zum Ausdruck bringen (Leber 1986). In vielen alltäglichen Situationen inszenieren Kinder Erlebnisse, über die sie nicht reden können, weil diese z. B. ihren Ursprung in der frühen Kindheit haben. Oft werden Kinder, bei denen frühe Beziehungen gescheitert sind, in der Schule als schwierig erlebt. Ihre fehlende oder unzureichende emotionale Sicherheit, die in ihrem problematischen Verhalten zum Ausdruck kommt, hängt mit den frühen Kränkungen und psychischen Verletzungen zusammen.

Typisch für Inszenierungen sind ihre ständigen Wiederholungen, die bei Lehrkräften das Gefühl der Erfolglosigkeit ihres Tuns hervorrufen. Für eine erfolgreiche Bearbeitung sind Wissen, Geduld, Interpretationskompetenz und eine breites Repertoire methodischer Handlungsmöglichkeiten erforderlich. Oft kommt es aus nichtigem Anlass – so stellt sich die Sicht von außen dar – zu einer heftigen Schlägerei, die aus der Perspektive eines neutralen Betrachters als überzogene Reaktion angesehen wird. Aus der Entwicklungsgeschichte eines Kindes lässt sich das Verhalten jedoch möglicherweise verstehen.

Auch in Mobbingsituationen inszenieren Kinder ihre Probleme. Sie bringen innere Erlebnisse nach außen, agieren sie auf der Handlungsebene aus. Diese Inszenierungen müssen interpretiert werden. Im pädagogischen Handeln geht es u. a. darum, die Inszenierungen wahrzunehmen und sie auf eine Reflexionsebene zu bringen. Sie sollten als Anregungen für Veränderungsprozesse genommen werden. Die Handlungsschritte sind Teil einer pädagogischen Konzeption, in deren

Kern es um die Entwicklung von Selbstsicherheit und Selbstwirksamkeit geht. Wesentliche Merkmale des pädagogischen Handelns sind:

- Kinder ernst nehmen,
- Interesse an einer Lösung zeigen,
- Geduld haben,
- Schüler mit der Realität konfrontieren und ihnen Anregungen für eigene Lösungen geben.

Mobbing als Folge unsicherer Bindungserfahrungen

Bei meinen Beobachtungen und Gesprächen konnte ich Verhaltensweisen beobachten, die weitgehend mit den charakteristischen Merkmalen von Mobbing übereinstimmten, sich an einer wesentlichen Stelle aber unterschieden: Es war kein Täter zu identifizieren, ja es schien sogar so, als sei eine Person Täter und Opfer zugleich. Dieses Phänomen war mir schon vor vielen Jahren aufgefallen, ich konnte es nur schwer einordnen und bin erst jetzt wieder im Zusammenhang mit der Arbeit in einer Lehrergruppe damit konfrontiert worden.

Wie schon beschrieben bedeutet Mobbing normalerweise, dass ein Schüler oder eine Schülerin über einen längeren Zeitraum von Mitschülern schikaniert oder ausgegrenzt wird. Der Mobber schart in der Regel einige Mitschüler um sich, festigt und erweitert auf diese Weise seine Macht. Mobbingprozesse laufen in der Regel so ab, dass sie nur von den Schülerinnen und Schülern im inneren Kreis wahrgenommen werden. Mobbing ist ein aggressiver Akt. Mobber wollen treffen, aber selber verschont bleiben. Sie drohen mit Gewalt und üben sie auch aus. Die Opfer fühlen sich hilflos und können sich nicht allein aus ihrer Situation befreien, in die sie meistens unverschuldet geraten sind.

Strukturell ganz anders sind Mobbingprozesse, die sich ohne erkennbaren Täter gegen eine Schülerin oder einen Schüler richten: Ein Kind gerät in die Opferrolle, wird von mehreren Schülern oder Schülerinnen der Klasse abgelehnt und teilweise auch körperlich attackiert. Dabei gehen die Aktivitäten, die zu diesem Verhalten führen, von dem Opfer selbst aus. Das entschuldigt nicht die Verhaltensweisen der Mitschüler. Es geht hier lediglich um die Aufdeckung der Struktur. Die typischen Merkmale lassen sich so beschreiben: In der Regel sucht eine Schülerin bzw. ein Schüler – dieses Verhalten kommt natürlich bei Jungen genauso häufig wie bei Mädchen vor – Kontakt zu einer Mitschülerin oder zu mehreren Mitschülerinnen. Sie strebt eine Freundschaft an. Dabei kommt es neben kurzfristig gelingenden Beziehungsphasen immer wieder zu schnell auseinander brechenden Beziehungen. Es reiht sich ein Misserfolg an den anderen. Oft sind damit Enttäuschung, Ärger oder Wut verbunden. In der Folge kommt es oft zu drastischen Zurückweisungen durch die Mitschülerinnen. Ein Beispiel:

Nathalie, ein Mädchen aus einer 3. Klasse, möchte immer wieder mit Jule spielen. Hoffnungsvoll greifen beide zu Beginn der Pause ein Springseil, laufen damit auf den Schulhof und springen eine Weile. Sie wechseln sich ab, und von außen betrachtet scheinen sie dabei auch ihre Freude zu haben. Plötzlich schlägt Nathalie mit dem Seil auf Jule ein. Beide sind sehr aufgebracht, rennen zu ihrer Lehrerin und suchen Trost. Die Lehrerin steht fassungslos vor dem Ereignis, denn solche Situationen wiederholen sich im Laufe der Woche immer wieder. Gestern z. B. hatte Nathalie die Jungen gefragt, ob sie beim Fußballspiel mitmachen dürfe. Die Jungen waren einverstanden. Kurz vor Spielbeginn wandte sich Nathalie jedoch plötzlich ab und rannte davon.

Bei gemeinsamen Brettspielen ist es nicht anders: Begeistert beginnen Nathalie und Jule das Mühle-Spiel. Aus heiterem Himmel steigt Nathalie jedoch aus dem Spiel aus und lässt Jule allein zurück. Gespräche mit den Mädchen ergeben, dass sie gerne miteinander befreundet sein möchten, aber nicht an eine tragfähige Freundschaft glauben können. Es folgen gegenseitige Vorwürfe, die jeweils andere habe das schöne Spiel zum Scheitern gebracht. Nathalie sagt in solchen Situationen oft: »Jule will gar nicht meine Freundin sein, die tut nur so.« Jule entgegnet dann: »Nathalie nimmt mir alle meine Freundinnen weg. Ich will auch mal mit anderen spielen.«

Hinter diesem Geschehen steht eine unsichere Bindungserfahrung. »Nähe kann eigentlich nicht gelingen«, so kann man das Muster beschreiben. Meine Hypothese ist, dass die Initiatorinnen solcher Verhaltensweisen einem inneren Muster folgen, bei dem sie immer wieder den Versuch machen, eine befriedigende zwischenmenschliche Situation herzustellen. Es scheint so, als dürfte ihnen das nicht gelingen. Sie initiieren das Scheitern gleich mit. Es entsteht eine unendlich erscheinende Reihe von Dilemmata-Situationen.

Wenn in den ersten Schuljahren keine befriedigenden Freundschaftserfahrungen gesammelt werden können, erhält die »ewige Suche« nach Nähe während der Adoleszenz ein besonderes Gewicht (vgl. dazu Kapitel 4). Kinder brauchen möglichst eine gelingende Freundschaft. Auf diese Weise können sie die großen Umbruchprozesse in ihrer Selbstentwicklung einigermaßen gut bewerkstelligen. Freundschaften bieten Sicherheit in den vielen neuen und oft auch bedrohlichen Situationen des Alltags. In der Schule kann das bedeuten, jemanden zu haben, der zu einem steht, wenn man von anderen auf dem Weg zur Tafel ausgelacht wird. In vielen Fällen gelingen solche Freundschaftsverbindungen. In manchen Fällen gehen sie aber auf eine Weise schief, die der betroffenen Person unendliches Leid bereitet. Es stellen sich die für Mobbingopfer typischen Beschwerden ein: Bauchschmerzen, Kopfschmerzen, Unwohlsein, Antriebslosigkeit, Schulverweigerung.

Das Muster lässt sich auf der äußeren Handlungsebene so beschreiben: Ein Mädchen sucht Kontakt zu einer Mitschülerin. Es scheint so, als gelinge das auch. Aber dann ist diese Verbindung plötzlich zu Ende. Es erfolgen gegenseitige Vorwürfe, Beleidigungen und Schuldzuweisungen. Auf der inneren Bühne geht es darum, Unsicherheitsgefühle in Gefühle von Sicherheit umzuwandeln. Das gelingt kurzfristig, aber dann ist wieder alles wie vorher oder noch schlimmer. Oft ziehen sich die Verursacher solcher Prozesse resigniert zurück. Sie sind traurig, suchen aber nach kurzer Zeit erneut Kontakt. Sie schaffen sich die unbefriedigende Situation immer wieder selbst, indem sie um Freundschaft werben und gleichzeitig jede im Ansatz gelingende Freundschaft wider zerstören. Somit werden sie Opfer ihrer Suche nach Freundschaft und nach einer tragenden Beziehung.

Solche Verhaltensweisen, die sehr destruktiv werden können, haben ihre Ursachen wahrscheinlich in einer unsicheren Bindungsbeziehung während der Kindheit. Die Mitschülerinnen werden als potenzielle Sicherheitsspender gebraucht und angesprochen und fast gleichzeitig zu Unsicherheitsspendern degradiert, indem sie für das Scheitern der Beziehung verantwortlich gemacht werden. Lehrerinnen und Lehrer stehen oft hilflos vor dieser tragischen Beziehungskonstellation. Sie können es nicht interpretieren. Es löst Unwillen, Ärger und Hilflosigkeit bei ihnen aus. Sie geraten selbst in eine Handlungsunfähigkeit und hoffen oft nur, dass das alles bald vorbei sein möge. Damit tun sie sich allerdings keinen Gefallen. Das Unbehagen, das sie selbst spüren, ist auch bei den Schülerinnen und Schülern vorhanden. Von der Initiatorin wird es als Leiden erfahren. Sie selbst bewegt sich in einem Teufelskreis, aus dem es für sie kein Entrinnen zu geben scheint. Mitschüler werden mit hineingezogen und können sich oft nur durch aggressive Akte befreien. Lehrer und Lehrerinnen fühlen sich in die Situation verstrickt und sehen keine Möglichkeit, erfolgreich zu handeln oder etwas zu verändern.

Diese Struktur lässt sich so darstellen:

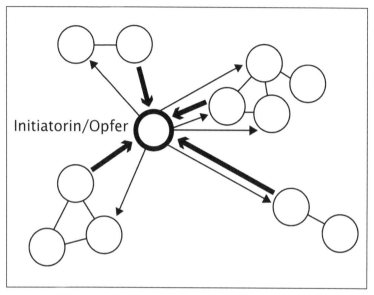

Abb. 3: Mobbing als Folge eigener Aktivitäten

Die Kontaktversuche von der Initiatorin zu vielen Mitschülerinnen sind durch die dünnen Pfeile gekennzeichnet. In der Regel schließen sich die Betroffenen von unglücklich verlaufenden Kontakten mit anderen Schülerinnen zusammen. Denn die meisten sind selbst auf der Suche nach gelingenden Freundschaftsbeziehungen. Um diese nicht wieder stören zu lassen, schließen sie sich fest zusammen und wenden sich gemeinsam (dicker Pfeil) gegen die Initiatorin. Ihre ablehnende Haltung ist deswegen so intensiv, weil die Initiatorin bei den Mitschülerinnen durch das nicht nachvollziehbare Wechselspiel (»Sei meine Freundin! – Nein, ich mag dich doch nicht!«) eine große Verunsicherung auslöst, die diese nun wiederum nur schwer ertragen können. Sie suchen sie durch den engen Zusammenschluss in einer Gruppe abzumildern. Tragisch ist, dass die Initiatorin gern eine gelingende Beziehung anbahnen möchte, diese aber im Ansatz bereits wieder aufs Spiel setzt (vgl. dazu das nachfolgende Beispiel).

Das Bemühen der Initiatorin ist als Versuch zu verstehen, für sich selbst Sicherheit herbeizuführen, z. B. durch einen freundschaftliche Beziehung. Da sie aber offensichtlich nicht in der Lage ist, eine solche Beziehung aufrechtzuerhalten, trägt sie selbst zur Zerstörung der Beziehung und zur Verunsicherung der Mitschülerinnen bei. Ihr Verhalten führt zu einem Echoeffekt. Das Echo kommt zu ihr zurück. Es ist allerdings viel stärker als ihr Ruf nach Freundschaft. Darin liegt die Dramatik und die Tragik.

»Ihr meckert mich an wie meine Mutter«

Das folgende Beispiel verdeutlicht den möglichen Zusammenhang zwischen unsicherer Bindungserfahrung und Mobbing und gibt gleichzeitig einen Einblick in erfolgreiches pädagogisches Handeln.

> Zunächst war in einer dritten Klasse nur eine allgemeine Unruhe zu bemerken. Dann zeigte sich, dass vor allem Vanessa in die sich häufenden Konflikte verstrickt war. Sie war zu Beginn des Schuljahres in die Klasse gekommen. Ihr Verhalten löste bei ihren Mitschülerinnen und Mitschülern und auch bei ihren Lehrerinnen und Lehrern heftige Gefühle wie Ärger, Wut, Enttäuschung und Unsicherheit aus. Vanessa suchte eine Freundin, das war ganz deutlich zu erkennen. Es gab zunächst auch gelingende Annäherungen, aber schon nach kurzer Zeit gingen die zarten

Anfangskontakte immer wieder in die Brüche. In einem Gespräch sagt Meike: »Vanessa nimmt mir alle Freundinnen weg und sie nimmt mir immer Sachen weg.« Sie wäre gern mit Vanessa befreundet, aber das sei gar nicht möglich. Vanessa wünscht sich ebenfalls eine Freundschaft mit Meike. Aber alle Versuche scheitern. Beide Mädchen sind enttäuscht.

Auch einige Jungen haben Probleme mit Vanessa. Sie würde lügen, so komisch gucken, aussehen wie eine Kuh und sich manchmal sogar schminken. Oft sage sie auch schlimme Schimpfworte zu den Jungen. Manchmal schlage sie sogar.

Vanessas Verhalten ist auch immer wieder Thema in den Teamgesprächen der Lehrerinnen und Lehrer. Es kommt zu unterschiedlichen Interpretationen: Die Klassenlehrerin solidarisiert sich mit Vanessa und wendet sich gegen die Jungen. Sie will ein Mädchen, das intensiven Attacken von einigen Jungen ausgesetzt ist, schützen. Damit verstärkt sie jedoch ungewollt deren Ablehnungen. Andere Lehrkräfte verweisen darauf, dass sich auch Vanessa aggressiv verhalte.

Ein Gespräch mit der Mutter hilft weiter. Ihre Tochter fühle sich ungeliebt, sie sei auch ein unerwünschtes Kind, erzählt die Mutter. Der Blick ihrer Tochter erinnere sie an den Blick ihres Mannes, von dem sie sich getrennt habe. Manchmal hasse sie ihre Tochter.

Im Lehrerteam interpretierten wir das Geschehen folgendermaßen: Vanessas Blick signalisiert Erwartung, doch diese wird nicht erfüllt. Es erfolgt sogar von einigen Schülerinnen und Schülern eine deutliche Ablehnung. Diese Erfahrungen führen zu einer weiteren Verletzung ihres Selbstwertgefühls. Ihre Inszenierungen können als Versuch gedeutet werden, die »narzisstischen Kränkung« (Kohut 1991), von der Mutter nicht geliebt zu werden, zu heilen. Dabei macht sie die demütigende Erfahrung, dass sie sich selbst nicht helfen kann, sondern sich immer tiefer verstrickt. Vanessa braucht Menschen, die ihren Wunsch verstehen und ihr dabei helfen, andere Möglichkeiten des Werbens um Anerkennung und Akzeptanz zu finden. Aus Sicht der Lehrkräfte braucht Vanessa therapeutische Hilfe. Diesen Rat geben sie an ihre Mutter weiter. Aus den Erörterungen im Team und den verschiedenen Sichtweisen der Situation ergeben sich wichtige Hinweise für pädagogisches Handeln. Wenn Lehrerinnen und Lehrer ärgerlich auf die Inszenierungen reagieren, sind sie bereits in die Inszenierungen verwickelt, sind Teil davon und können nur schwer hilfreiche Lösungen mit den Kindern entwickeln. Lehrer müssen ihre Affekte kontrollieren. In Klärungsdialogen sollten sie die Abläufe zu verstehen suchen und dann alternative Verhaltensformen vorschlagen und zusammen mit den Kindern erproben. Dabei sind viele Entwürfe erforderlich, bis eine neue und tragfähige Erfahrung vorliegt, die alternatives Handeln ermöglicht.

Eine neue Inszenierung: »Die Jungen sind die Bösen«

Auf dem Weg zum Klassenzimmer schreit Vanessa laut, die Jungen hätten sie gewürgt. Die Jungen reagieren empört auf diese Unterstellung. Ich deute ihr Verhalten, für das es keine sichtbaren Anhaltspunkte gibt, als Inszenierung ihrer Ungeborgenheitsgefühle. Sie erfährt Ablehnung durch die Jungen. Sie erfährt auch meine Ablehnung, denn sie erschwert durch ihr Verhalten meine Arbeit. Und damit sind wir alle Teil ihrer Inszenierung. Die Reaktion der Jungen lässt nicht lange auf sich warten. In einer ruhigen Unterrichtsstunde bricht es plötzlich aus einem Jungen heraus: »Vanessa guckt so blöd!«

In dieser Situation sind für mich die Ausführungen von Hilgers (1997) eine Hilfestellung:

»»Was guckst du so blöd?!« ist eine häufige Reaktion von Menschen, die sich durch den Blick des Gegenüber verunsichert und in Frage gestellt fühlen und diese Bedrohung sogleich in Aggressivität verwandeln. Nicht selten ist bereits durch diese Äußerung die Gewaltschwelle überschritten, weil der Betreffende seine extreme Unsicherheit preisgab, daher nicht zurück kann, ohne sein Gesicht zu verlieren und die Schamszene nun in eine Gewaltszene ausmünden lässt.«

In diesem Fall ist es zwar nicht zu einer körperlichen Gewalttat gekommen, aber es hat durch die Äußerung eine Demütigung von Vanessa vor der ganzen Klasse gegeben. Nur so konnte der Junge mit seiner Unsicherheit fertig werden, die Vanessa offensichtlich durch ihren Blick in ihm ausgelöst hatte.

Die Klassenlehrerin sieht weiterhin einige Jungen als Verursacher. Sie würden Vanessa immer wieder demütigen. Sie zeigt mir Skizzen, die Patrick von Vanessa angefertigt hat. Er zeichnet unförmige Tier-Mensch-Gestalten von ihr (siehe Abb. 4): ein Riesentier lässt einen Pups, ein anderes lässt seine Exkremente fallen. Die Skizzen zeigen, dass in Patricks Erleben eine Gefahr von Vanessa ausgeht. »Danger« steht über einer Skizze. Die Gefahr ist in seinem Erleben so groß, dass er einigen Figuren das Wort »Castor« beifügt. Die Spitze der Verunglimpfung und Erniedrigung kommt in einer Figur zum Ausdruck, der folgender Text beigegeben ist: »Castor Müll, Deine Mama«. Hier unterstellt ein Schüler, Vanessas Mutter würde ihre Tochter so erleben. Diese Skizzen hat die Klassenlehrerin entdeckt. Sie ist darüber sehr empört.

Abb. 4: Beleidigende Kinderzeichnungen

Nach meiner Interpretation versucht der Schüler, sich über seine Skizzen von den ständigen Auseinandersetzungen mit Vanessa innerlich zu befreien. Mit diesem Interpretationsansatz habe ich für mich eine gute Grundlage zur Weiterarbeit gefunden.

Die Inszenierungen halten an und bereiten vor allem der Klassenlehrerin erhebliche Sorgen. Um unseren Verstehenshorizont zu erweitern und nicht immer wieder die unzähligen, zeitraubenden und in ihrem Kern ähnlich verlaufenden Situationen erörtern zu müssen, entscheiden wir uns für die Methode des »zirkulären Fragens« (Gebauer 2000a). Hier ein Auszug aus dem von einer Teamkollegin moderierten Gespräch:

Moderatorin: Gibt es Jungen, die Vanessa liebenswert finden?

Lehrerin: Ja, es gibt aber bei den Jungen eine Ambivalenz. Im Grunde ihres Herzens finden sie Vanessa toll, das gilt besonders für Florian.

M.: Kannst du dir vorstellen, worauf Florian besonders reagiert?

L: Vanessa geht auf Florian zu, lächelt, zeigt ihm etwas, spielt gern mit, wenn er etwas vorschlägt.

M.: Kannst du dir vorstellen, dass sie andere Signale als Machtsignale aussendet?

L.: Ja, hilflose Signale, herausfordernde Signale. Sie gibt sich auch kokett.

Dieses Verfahren eröffnete neue Sichtweisen: Es gibt auch einen guten Kontakt zwischen Vanessa und ihren Mitschülern – sie erscheint in einem freundlicheren Licht. Über dieses Gespräch hat das Team etwas Distanz gewonnen, ist weg von den oft nervenaufreibenden Alltagsereignissen.

Vanessas Verhalten kann so interpretiert werden: Die tiefe Kränkung, die ihr in ihrer frühen Kindheit zugefügt worden ist und die auch heute teilweise noch anhält, hat bei Vanessa zu festen Verhaltensmustern geführt, die ihren früheren Erfahrungen entsprechen und damit eine innere Logik besitzen. Um ihr Verhalten ändern zu können, braucht Vanessa neue Erlebnisräume. Dabei ist es wichtig, dass ihr die erwachsenen Bezugspersonen zugewandt bleiben und sich nicht in ihre Inszenierungen verstricken lassen. Diese Erfahrung machen es möglich, dass sich bei Vanessa neue Erfahrungsmuster ausbilden, die zur Bewältigung künftiger Situationen bereitstehen. Natürlich sind damit die alten Erfahrungen, die sich als innere Muster etabliert haben, nicht beseitigt. Sie existieren weiter und haben, weil sie sich verfestigt haben, eine erhebliche Kraft und Dynamik.

Beim Lehrerteam setzt sich die Annahme durch, dass es sich bei Vanessa um »narzisstische Wut« im Sinne Kohuts handelt: Ein von den Eltern abgelehntes Mädchen erhält zeitweise Mitgefühl von einigen Mitschülerinnen und ihrer Klassenlehrerin. Sie holt durch ihre Inszenierungen die Menschen nahe an sich heran, stößt sie im nächsten Augenblick aber wieder von sich weg – für alle Beteiligten ein nur schwer zu verstehendes Handlungsmuster.

Eine Beobachtung auf dem Schulhof: Es regnet, Vanessa holt einige Mädchen unter ihren Schirm. Dann schließt sie den Schirm und schlägt auf ihre Mitschülerinnen ein. In der ersehnten und erlebten Nähe ist etwas passiert, das von außen nicht wahrnehmbar ist. Jedenfalls hat Vanessa diese Nähe zerstört. Das führt zu Ärger und Wut bei ihren Mitschülerinnen. Sie schlagen zurück.

Gegenüber ihrer Lehrerin spielt Vanessa das verlassene, einsame und abgelehnte Mädchen. Ihre Mitschülerinnen können ihr Verhalten nicht einordnen. Sie haben dafür kein Interpretationsschema. Den Lehrern geht es nicht anders, wenn sie nur bei den äußeren Wahrnehmungen bleiben. Es entsteht ein Teufelskreis. Wenn Lehrer Vanessa beistehen, weil sie nur dem äußeren Augenschein trauen, tragen sie zur Stabilisierung der inneren Muster des Mädchens bei. Daraus folgt – und das ist eine wichtige Erkenntnis, die in diesem Buch vermittelt werden soll –, dass Erzieherinnen und Lehrer darin ausgebildet werden müssen, solche Verhaltensweisen zu verstehen.

Die Wiederholungen setzen sich fort. Vanessa schubst und schlägt, ohne dass die Anlässe in irgendeiner Weise nachvollziehbar wären.

Sie stört auch den Unterricht. Bei einer Gruppenarbeit beteiligt sie sich nicht, streckt ihrer Tischnachbarin die Zunge heraus. Ihre Mitschüler protestieren und fordern sie auf, ihre Arbeit zu erledigen. Ihre Reaktion: »Wehe, ihr meckert mich an!« Sie schmeißt den Stift hin, ruft in die Runde: »Du kannst den Scheiß alleine machen!« Dann wendet sie sich an den Lehrer und sagt: »Guck mal, die meckern immer rum!« »Ihr habt immer was zu meckern, wie meine Mutter!« Nicht ein Kind hat gemeckert.

Aufgrund ihrer frühen Erfahrung, abgelehnt worden zu sein, nimmt Vanessa die potenzielle Ablehnung bzw. ihre »unzureichende« Leistung vorweg und projiziert die erwartete Ablehnung und Abwertung auf ihre Mitschüler. Gegenüber ihrem Lehrer beschuldigt sie ihre Mitschüler, obwohl sich ihre Tischnachbarn völlig angemessen verhalten haben. Die Beschuldigungen sind aus der Luft gegriffen und das muss ihre Mitschüler provozieren. Im Grunde sind Vanessas Tischnachbarn allein nicht in der Lage, die Situation zu klären.

»Er liebt mich!«

Während einer Spielphase schreiben einige Mädchen Briefe an die Jungen. Vanessa teilt mir leise mit, sie habe Florian einen Liebesbrief geschrieben und gefragt, ob er sie auch liebe. Er habe »Ja« angekreuzt. Hier erhält Vanessa nach unseren Beobachtungen die erste positive Resonanz bei ihrer Suche nach Liebe. Darin liegt Hoffnung, auch wenn die Inszenierungen weitergehen.

Vanessa beschimpft immer wieder grundlos einige Jungen und zieht damit deren Wut auf sich. Die Jungen brüllen zurück. Im Gespräch stellen sie resigniert fest, Vanessa wolle sie nur klein machen. Sie tue so traurig, mache einen »Weinblick«, dann werde sie von den Lehrern bedauert. »Wir wissen nicht, was wir mit unserer großen Wut machen sollen«, sagt ein Junge und er folgert: »Vanessa muss hier weg. Das hört sonst nie auf.« Vanessa sagt im nachfolgenden Gespräch: »Ich habe manchmal so eine Wut, da könnte ich sie alle verkloppen.«

Wie kann man Vanessas Verhalten verstehen? Wie sieht pädagogisches Handeln aus? Hinweise liefert die Emotionsforschung (Salisch 2002). Es ist wichtig, die emotionalen Empfindungen der Schülerinnen und Schüler ernst zu nehmen und sie zu thematisieren, denn Emotionen sind Botschaften über Beziehungen zu sich, zu anderen und zu den Dingen. Ziel der erzieherischen Arbeit ist ein angemessener Umgang mit den Emotionen (Dörr/Göppel 2003). Es gibt, das hat die Hirnforschung nachgewiesen, einen engen Zusammenhang zwischen emotionaler und kognitiver Verarbeitung. Das limbische System, das für Emotionen zuständig ist, ist eng vernetzt mit dem kognitiven System im frontalen Kortex. Emotionale Wahrnehmungen (Furcht, Angst, Wut, Trauer, Freude) werden hier bearbeitet; die Erfahrungen werden hier bewertet und Entscheidungen für künftiges Handeln getroffen (Spitzer 2003). Kognition differenziert Emotionen, d. h. Sprechen über unsere emotionalen Wahrnehmungen in bestimmten Situationen ermöglicht, klarer mit den Gefühlen umzugehen, die uns manchmal zu überwältigen drohen.

Die Art des Umgangs mit unseren Emotionen ist eng verknüpft mit unseren Beziehungserfahrungen und den darin wirkenden Emotionen. Die Aufgabe der Lehrerin oder des Lehrers besteht darin, wichtige Situationen des Alltags zum Thema des gemeinsamen Nachdenkens zu machen und dabei die Emotionen nicht auszusparen (vgl. dazu S. 108ff.). Nur so kann sich eine Handlungskompetenz zur Bewältigung von Mobbingprozessen aufbauen. Lehrerinnen und Lehrer müssen für die erforderlichen Klärungsprozesse genügend Zeit einräumen.

Der Grad einer differenzierten Wahrnehmung von komplexen sozialen Situationen hängt von den biografischen Erfahrungen ab. Intelligenz im Sinne eines problemlösenden Verhaltens beruht auf der Synchronisation des kognitiven Denkens mit den Emotionen (Schäfer 2003). Ein erfolgreich verlaufender emotional-kognitiver Prozess ist vergleichbar mit dem Aufbau »innerer Räume«, in denen ein »inneres Parlament« (Stierlin 1994) debattiert und Entscheidungen trifft.

Dieser theoretische Hintergrund bestimmt in Vanessas Fall das Handeln des Lehrerteams. So nehme ich die Mitteilungen der Kinder zum Anlass, darüber in getrennten Gruppen mit ihnen zu reden.

»Was könnt ihr tun, um besser mit eurer Wut umzugehen?«, frage ich die Jungen. Einige wollen einen Boxsack kaufen, Vanessas Gesicht darauf malen und zuschlagen, andere wollen ihr aus dem Weg gehen, heimlich lästern oder Witze über sie reißen. Andere erklären, sie hätten schon Bilder von ihr gemalt, z. B. als Vampir, wie sie ein blutiges Messer in der Hand hat oder wie sie in einer Mülltonne steht, die brennt.

In der Offenheit der Jungen zeigt sich Vertrauen zu ihrem Lehrer. So brutal die Zeichnungen auch sind, sie zeigen etwas von der großen Not, in die einige Jungen durch Vanessas Verhalten geraten sind.

Die Jungen stehen vor der Aufgabe ihrer eigenen Identitätsentwicklung. Diese löst Unsicherheiten und Ängste aus. Ein Muster ihrer Bewältigung liegt darin, die inneren Prozesse nach außen zu verlagern und eine andere Person dafür verantwortlich zu machen. In diesem Fall ist es Vanessa. Die Jungen sehen keine andere Lösung, als dass Vanessa die Schule verlässt. Ich verweise die Jungen auf sich selbst und gebe ihnen die Aufgabe, genau auf ihre Gefühle zu achten und diese zu kontrollieren. In nachfolgenden Gesprächen, so hoffe ich, kann dann ein tieferes Verstehen der Vorgänge angezielt werden.

Perspektiven

Im Team und in der Klasse haben wir über konkrete Ereignisse zur Genüge gesprochen. Wir haben Situationen rekonstruiert, die Gefühlsebene mit einbezogen und Perspektiven für die Zukunft entwickelt. Ich arbeite nun mehr und mehr mit den Schülerinnen und Schülern daran, über sich selbst und über ihr Verhältnis zu ihren Mitschülern nachzudenken. Statt der – einstmals wichtigen Gespräche über konkrete Situationen – betone ich mehr und mehr einen anderen Zugang. Ich sage z. B.:

»Denkt bitte nicht nur über die Ereignisse nach, die euch Sorgen bereiten, sondern vor allem über eure Gefühle. Fühle ich mich stark? Fühle ich mich schwach? In welchen Situationen fühle ich mich stark/schwach? Haben Mitschüler etwas mit meiner Schwäche/mit meiner Stärke zu tun? Fühle ich mich stark in der Klasse? Muss ich andere Kinder ärgern, um mich stark zu fühlen. Fühle ich mich in meinem Inneren eher stark oder schwach? Gibt es Mitschüler oder Mitschülerinnen, die mich innerlich stark oder schwach machen?

Wie ist das mit meinen Freundschaften? Machen mich meine Freundschaften stark oder schwach? Helfen mir Freundschaften oder bringen sie mir Ärger? Manchmal wenden sich in der Klasse mehrere Schüler oder Schülerinnen gegen einen Schüler oder eine Schülerin. Viele auf Einen! Wie sieht es mit der inneren Stärke der Kinder aus, die sich als Gruppe gegen eine Mitschülerin wenden? Fühlen die sich innerlich eher stark oder eher schwach?«

Mit diesen Anregungen verabschiede ich die Kinder. Sie gehen ruhig und nachdenklich nach Hause.

Einige Wochen später ist Teambesprechung. Alle Lehrkräfte konnten beobachten, dass seit einiger Zeit in dieser Klasse Veränderungsprozesse stattgefunden haben. Die Schülerinnen und Schüler zeigen eine hohe Arbeitskonzentration. Sie holen sich Hilfe bei ihren Mitschülern oder bei ihren Lehrerinnen, wenn sie z. B. mit einer Aufgabenstellung überfordert sind. Das trifft auch bei der Klärung von Konflikten zu. Zwischen Jungen und Mädchen gibt es Annäherungsversuche. Innerhalb der Jungengruppe bahnen sich neue Freundschaftsverbindungen an. Alles findet, so ist unser Eindruck, vor dem Hintergrund einer positiven emotionalen Grundstimmung statt. Erhebliche Veränderungen sind bei Vanessa zu erkennen. Sie hat einen Blick für die Realität gewonnen und kann diese aushalten, ohne in ihre bisherigen Muster zu verfallen. Sie ist gegenüber ihren Mitschülerinnen und Mitschülern offener geworden, lacht teilweise ganz unbekümmert und wird so plötzlich für einige Jungen sehr interessant. Vereinzelte Attacken von Mitschülerinnen ihr gegenüber sind nunmehr eher aus einem Neidgefühl heraus zu erklären, das sie gegenüber Vanessa haben.

»Uns geht es sehr gut mit den Kindern.«

Bei Vanessa ist auch zu beobachten, dass ihr mehr und mehr sachbezogenes Lernen gelingt. Sie kann sich auf die Aufgabenstellung konzentrieren, versucht, ihr Lücken auszugleichen, indem sie sich Rat holt. Sie hat Vertrauen in sich, in ihre Mitschülerinnen und Mitschüler und in ihre Lehrerinnen und Lehrer gewonnen.

Inzwischen ist ihre Mutter, die eine Therapie macht, so weit, dass sie Interesse für Vanessa entwickelt. Damit erlebt Vanessa auf der Beziehungsebene zu ihrer Mutter eine Zuwendung, um die sie immer gekämpft hat. Innerhalb dieses Prozesses ist meine Empathie gegenüber Vanessa deutlich gewachsen. Ich merke, wie ich tief bei diesen Gedanken durchatme, und spüre, wie hoch Vanessas Belastungen sind, denen sie ausgesetzt ist. Hinter uns liegt ein langer Weg. Es scheint, als hätte Vanessa unsere Zuwendung zu ihrer emotionalen Stabilisierung nutzen können. So wäre es auch zu verstehen, dass sie

mit großer Motivation ihre Lücken in den Lernbereichen auszugleichen versucht.

*»Soll Wissensvermittlung gelingen, dann muss sie an die per-
sönliche Geschichte jedes einzelnen Schülers anknüpfen. Wissen, das man einfach weitergeben kann, existiert nicht. Jeder
Mensch konstruiert seinen Bildungsweg in Kommunikation mit
anderen. Wenn man es so betrachtet, dann kann man den Lehrer als Mittler, Begleiter, Katalysator sehen, der jedem Schüler
dazu verhilft, seinen eigenen Zugang zum Wissen zu finden
unter Berücksichtigung seines Lebenszusammenhanges und
seiner Geschichte.« (Damkowski, 1997)*

Eine schöne Szene

Montags stelle ich ein Balancierbrett in die Klasse. Nach-
einander kann jedes Kind kurz auf das Brett steigen und
sich in die neue Woche und in die Klassengemeinschaft
hinein balancieren. Die anderen Schüler arbeiten an ihren
jeweiligen Aufgaben. Heute sehe ich Vanessa auf dem Brett
stehen. Sie lacht, breitet die Arme aus, hält das Gleich-
gewicht und strahlt über das ganze Gesicht. Niemand aus
der Klasse stört sie oder nimmt ihr die Freude durch eine
beleidigende Bemerkung. Welch ein Erfolg!

Im Team sprechen wir über diese Entwicklung und versuchen,
die einzelnen Entwicklungsschritte nachzuzeichnen. Natürlich
wollen wir erkennen, ob und an welchen Stellen wir mit zu diesem Erfolg beigetragen haben. Wesentliche Aspekte unseres
Verhaltens scheinen zu sein:

- Wir haben immer wieder versucht, Vanessas Verhalten
  zu verstehen (Verstehbarkeit), indem wir die einzelnen
  Situationen analysiert, interpretiert und in einen größe-

ren Zusammenhang gestellt haben. Dabei war uns wichtig, das Muster zu erkennen, nach dem Vanessa überwiegend zu handeln schien.

- Wir haben die einzelnen Verhaltensweisen als bedeutsam (Bedeutsamkeit) für Vanessas Selbstentwicklung angesehen. Dabei haben wir versucht, uns möglichst nicht in ihre Inszenierungen verstricken zu lassen. Wo dies doch passierte, haben wir versucht, uns z. B. über die Methode des zirkulären Fragens einen größeren Weitblick zu verschaffen.

- Im Verlauf haben wir nach erfolgreichen Handlungsmöglichkeiten gesucht. Die Frage, welches Verhalten unsererseits und welche Aufgabenstellungen für Vanessa wichtig sein würden, konnte nicht immer direkt beantwortet werden. Wir haben Hilfen, die von Schülerseite kamen und wenn es sich dabei um ein Lächeln handelte, zu schätzen gewusst.

- Wir haben Geduld bewahrt und Vanessas Entwicklung in den größeren Zusammenhang mit der Entwicklung der anderen Kinder gestellt. Dabei haben wir die Hoffnung nicht aufgegeben. Wir haben gemeinsam mit ihr und mit den anderen Schülerinnen und Schülern eine neue Perspektive eröffnet.

- Vanessa hat Verhaltensweisen erworben, mit denen sie hoffentlich auch künftige Konflikte bewältigen kann.

- Wichtig für den Weg aus der Sackgasse waren unsere Teamgespräche. Nur durch gemeinsames Nachdenken konnte wir die Struktur erkennen, nach der die gruppendynamischen Prozesse abliefen.

- So konnten wir Phasen, in denen es so aussah, als würde Vanessa von den meisten Mitschülerinnen und Mitschülern ausgeschlossen, in ihrem Gesamtzusammenhang sehen und dabei Vanessas Inszenierungen entdecken. Sie sah sich vielen Demütigungen ausgesetzt,

61

brachte manchmal viele Mitschüler gegen sich auf, musste sich isoliert fühlen.

- Auf der äußeren Handlungsebene schien es so, als ob viele negative Aktivitäten von ihren Mitschülern ausgingen. Beim Beschreiten der »inneren Bühne« entdeckten wir ein Muster, das zu Aktivitäten führte, die in den meisten Fällen destruktive Züge annahmen und negativ auf Vanessa zurückfielen. Wir gehen davon aus, dass sich dieses Muster aufgrund ihrer frühkindlichen Erfahrung, von der Mutter abgelehnt zu werden, herausgebildet hat. Gemeinsam haben wir einen Weg aus dem Teufelskreis der Autoaggression unter Einbeziehung von Mitschülerinnen und Mitschülern gefunden.
- Gelegentlich sah es so aus, als würde Vanessa von Mitschülern gemobbt. Es fehlte aber von Anfang an eine Person, von der die Initiative ausging. Schließlich kristallisierte sich heraus, dass ihre eigenen Aktivitäten destruktiv auf sie zurückfielen.

Die ausführliche Darstellung dieses Beispiels zeigt, wie schwer es für Mitschüler und Lehrerinnen ist, solche Verhaltensweisen zu verstehen. Es macht aber vor allem deutlich, dass es pädagogische Handlungsmöglichkeiten gibt (vgl. dazu auch die Kapitel 5 und 6).

3 Prävention durch Stärkung des Selbstwertgefühls

Kann man Mobbingsituationen im Vorfeld beeinflussen? Gibt es so etwas wie ein Präventionskonzept? Diese oder ähnliche Fragen stellen sich Eltern, deren Kinder in Mobbingsituationen verstrickt sind. In einer akuten Situation können Eltern ihrem Kind am besten helfen, indem sie sofort und umsichtig seine Interessen vertreten.

Angesichts der großen Belastungen und der gesundheitlichen Folgen, die Mobbingsituationen nicht nur bei den Opfern, sondern auch bei anderen Beteiligten auslösen, ist die Frage dringlich, ob und gegebenenfalls welche präventiven Maßnahmen grundsätzlich getroffen werden könnten.

Ein starkes Selbstwertgefühl scheint die beste Voraussetzung dafür zu sein, gut mit einer Mobbingsituation umgehen zu können. Eine innere Stabilität hilft am ehesten, die Destruktion und Verworrenheit, die solchen Situationen anhaften, zu durchschauen und handlungsfähig zu bleiben. Damit die Selbstwertentwicklung eines Kindes gelingt, müssen die Emotionen Beachtung finden. Gefühle können vor allem in Konfliktsituationen erlebt und bearbeitet werden. In der Familie, im Kindergarten und in der Schule gibt es immer wieder Konflikte der unterschiedlichsten Art. Leider werden sie oft nur unter dem Aspekt gesehen, dass sie den Alltag erschweren. Die Lernchancen, die in einer erfolgreichen Konfliktbearbeitung liegen, werden meistens nicht wahrgenommen und auch nicht genutzt. In der Klärung von Konflikten liegt ein entscheidendes Lernfeld für den Aufbau psychosozialer Kompetenz. Das gilt auch für die Bewältigung von Mobbingsituationen.

Überall wo Konflikte und Mobbing stattfinden, ist es Aufgabe der Erwachsenen, zusammen mit den in die Problemsituation verwickelten Kindern und Jugendlichen an einer Klärung zu arbeiten. Wenn dabei die Emotionen berücksichtigt werden, können Wertvorstellungen weiterentwickelt und ein Zuwachs an Selbsterkenntnis ermöglicht werden. Damit werden die Voraussetzungen geschaffen, in Konflikten der unterschiedlichsten Art handlungsfähig zu sein.

Erfolgreich im Umgang mit Mobbing können Eltern und Lehrerinnen und Lehrer vor allem dann sein, wenn sie die individuelle Lebenssituation der Betroffenen und die soziale Situation in einer Klasse beachten. Nach dem bisherigen Forschungsstand kann jeder in einen Mobbingprozess verstrickt werden. Die Situation stellt sich für Opfer fast immer so dar, dass sie von den Vorgängen völlig überrascht sind, keine nachvollziehbare Erklärung für die offenen oder verdeckten Angriffe oder Demütigungen durch die Mitschülerinnen und Mitschüler haben. Die Erklärungsnot, in die sie geraten, verstärkt oft noch ihre Unsicherheit und Scham. Die Opfer schämen sich vor allem aufgrund ihrer diffusen Wahrnehmung, dass sie die Situation nicht durchschauen, nicht verstehen und nicht – wie sonst üblich – handlungsfähig sind. Dies führt in der Regel zu Gefühlen von Ohnmacht und Hilflosigkeit gegenüber den mobbenden Mitschülerinnen und Mitschülern.

Bei einer insgesamt positiv verlaufenen Selbstwertentwicklung, die sich durch Selbstsicherheit und Vertrauen auszeichnet, ist ein Mobbingopfer eher als andere bereit, mit Eltern oder nahen Personen über die Ereignisse zu reden. Das ist für das Opfer ein entscheidender Schritt. Es leitet damit den Beginn einer Lösung des Problems ein. Nun ist es an den Eltern und Lehrern, die Hinweise ernst zu nehmen und das Opfer zu unterstützen. Hier liegt leider die entscheidende Schwachstelle im System der familiären und schulischen Erziehung. Denn oft werden die Hinweise eines Opfers weder von seinen Eltern noch von seinen Lehrerinnen und Lehrern als Anlass genommen einzugreifen. Es gibt allerdings auch positive Beispiele für ein engagiertes Verhalten von Eltern und Lehrkräften, wie in diesem Buch immer wieder deutlich wird.

Oft konnte beobachtet werden, dass sich besorgte Eltern um einen Therapieplatz für ihr unter Mobbing leidendes Kind kümmerten. Sie erhielten dann von ihm die Antwort: »Ich brauche keine Therapie, mit mir ist alles in Ordnung. Es sind die anderen, deren Verhalten unverständlich ist. Sie brauchen Hilfe.« Ein Opfer mit starkem Selbstwertgefühl lehnt in der Regel ein Therapieangebot ab, wie das u. a. in dem Beispiel »Du bist blöd und stinkst« (S. 13ff.) deutlich wird. Auch wenn ein Mobbingopfer zunächst von den Ereignissen geschockt ist, so kehrt doch der klare Blick für das eigene Selbstwertgefühl schnell zurück, sobald mit nahen und vertrauenswürdigen Erwachsenen über die Vorgänge gesprochen werden kann. Es stellt sich wieder eine innere Sicherheit ein, und deshalb braucht dieses Mobbingopfer dann auch keine therapeutische Hilfe.

Ist der Selbstwert allerdings unzureichend ausgebildet und wenig stabil, kann es vorkommen, dass ein Opfer über Jahre in der Handlungsunfähigkeit verharrt. In solchen Fällen kann oft nur eine Therapie wieder zu einer neuen Sicherheit führen, wie dies im Beispiel »Ihr meckert mich an wie meine Mutter« (S. 48ff.) anklingt.

Aufbau und Stärkung des Selbstwertgefühls (psychosoziale Kompetenz) sollten das Ziel aller Erziehung sein. Das setzt voraus, dass Eltern, Erzieherinnen und Lehrer selbst über ein gewisses Mindestmaß an psychosozialer Kompetenz verfügen müssen, wenn sie mit ihrer Erziehung erfolgreich sein wollen.

Emotionale Kompetenz entwickeln helfen

Bei der Entwicklung einer emotionalen Kompetenz geht es darum, in jeweils spezifischen Kontexten (in der Familie, im Kindergarten, in der Schule) seine emotionalen Fähigkeiten angemessen auszubilden und auch einzusetzen. Es sind vor allem vier Fähigkeiten, die miteinander verknüpft sind und in ihrer Gesamtwirksamkeit eine ausbalancierte Persönlichkeit ausmachen:

- Aufmerksamkeit für die eigene emotionale Befindlichkeit,
- Empathie für die Mitmenschen,
- befriedigende zwischenmenschliche Beziehungen eingehen können,
- konstruktiv mit belastenden Gefühlen umgehen können (Salisch 2002).

Damit sind die Fähigkeiten beschrieben, mit denen es uns möglich ist, Mobbing wahrzunehmen, zu durchschauen und konstruktiv an einer Lösung zu arbeiten. Emotional kompetente Menschen können auch angemessen mit aggressiven Impulsen umgehen. Damit ist der entscheidende Schutzfaktor benannt, denn Demütigungen in Mobbingprozessen sind immer von aggressiven Impulsen begleitet.

Die Entwicklung emotionaler Kompetenz ist allerdings auf Sicherheit bietende Beziehungen angewiesen. Dieser Entwicklungsprozess beginnt in den Familien und setzt sich im Kindergarten und in der Schule fort. In Erziehungsprozessen geht es also um den Aufbau eines Netzes von verlässlichen, sensiblen zwischenmenschlichen Beziehungen. Lernmöglichkeiten – Ausbildung von Schutzfaktoren im Umgang mit Mobbing – ergeben sich in den Familien, Kindergärten und Schulen vor allem dann, wenn die beteiligten Personen die dort auftretenden Konflikte ernst nehmen und auf befriedigende Weise klären. Oft wollen Eltern, Erzieherinnen und Lehrer in kritischen Situationen schnell Ruhe haben. Manchmal fühlen sie sich auch überfordert. So kommt es vor, dass immer wieder Chancen zur Förderung der emotionalen Kompetenz nicht wahrgenommen werden, wie es im nachfolgenden Beispiel deutlich wird:

Anja, Melina und Lennart (alle etwa 4 Jahre alt) hüpfen im Gruppenraum auf Polstern und Kissen herum. Dann rennen sie weg, laufen durch den Flur, dabei müssen sie auf drei Treppenstufen achten. Sie lachen und freuen sich an ihrem Spiel. Anja legt noch ein rotes Polster und Melina stellt noch einen Stuhl dazu. Sie laufen weiter, steigen auf das rote Polster, dann auf den Stuhl und springen in den Raum. Lennart will Anja überholen und schubst sie dabei. Anja drängt ihn ab und schubst ihn kräftig auf das Polster. Lennart protestiert. Er reiht sich aber wieder als Dritter in die Sprungformation ein.

»Ich möchte auch mal Erster sein«, sagt er. Anja und Melina: »Das geht nicht.« Anja zeigt mit dem Finger auf sich: »Erst bin ich Erster, dann ist Melina Zweiter und dann bin ich wieder Erster.« Lennart: »Ich will auch Erster sein.« Die Mädchen: »Nein, du bist hinten.«

Lennart geht nun zur Erzieherin und teilt ihr seinen Wunsch mit. Die Mädchen springen weiter, dabei kommentieren sie ihre Sprünge: »Ich springe mit beiden Füßen.« »Ich springe jetzt weit.« »Ich springe hoch.« »Ich springe noch höher.« »Ich springe auf das rote Polster.« »Ich plumpse jetzt.« Sie lachen. Das geht etwa drei Minuten so. Dann kommt Lennart von der Erzieherin zurück und sagt: »Nicole (Erzieherin) hat gesagt, ich soll auch Erster sein.« Er zeigt mit dem Finger auf sich, dann auf Anja und Melina und sagt: »Erst ich Erster, dann du Erster, dann du Erster.«

Anja: »Das geht nicht. Ich geh jetzt.« Lennart lenkt ein, schlägt vor, dass jeder zweimal Erster sein könnte. Anja: »Ich geh jetzt und Melina kommt mit.« Die Mädchen gehen, Lennart springt allein.

Die Kinder haben Freude an der Bewegung. Das ist ganz offensichtlich. Sie sprechen über ihre Absichten, kommentieren ihre Sprünge. Sie erproben und variieren ihr motorisches Können. Das ist auf der »äußeren Bühne« des Gruppenraumes zu sehen. Im Laufe des Spiels möchte Lennart auch einmal Erster sein. In seinem inneren Erleben, auf seiner »inneren Bühne«, hat sich dieser Wunsch entwickelt. Lennart teilt ihn den beiden Mädchen mit. Anja lehnt ab. Lennart ist enttäuscht und holt sich Hilfe bei seiner Erzieherin. Damit ist er nicht erfolgreich. Anja ist und bleibt die »Bestimmerin«. Damit steht ein Konflikt im Raum, der von den Kindern nicht zur Zufriedenheit aller gelöst werden kann. Eine Unterstützung durch die Erzieherin hätte vielleicht eine Veränderung des Spielverlaufs ermöglicht. Sie hätte z.B. zu den spielenden Kindern gehen, sich ihr Spiel anschauen, es für einen Augenblick unterbrechen und Lennarts Wunsch betonen können. In einem kurzen Gespräch hätten die Kinder ihre Vorstellungen über das Nebeneinander und Miteinander im Spiel äußern können. Die Erzieherin hätte nicht die Mädchen beeinflussen und von ihren Entscheidungen abbringen müssen, aber der Konflikt wäre thematisiert worden. Die Kinder hätten das Interesse der Erzieherin an ihrem Spiel und an ihren Wünschen gespürt. Wer weiß, wie sich das Spiel dann entwickelt hätte? Wer weiß, was die Kinder aus der Reflexion für ihre psychosoziale Kompetenz gelernt hätten?

Lennart bleibt jedoch mit seinem unerfüllten Wunsch allein. Auch das kann ein wichtige Erfahrung sein. Mit dem Beispiel ist kein Vorwurf an die Erzieherin verbunden. Es soll lediglich deutlich werden, dass der Alltag in einem Kindergarten viele Lernchancen für die psychosoziale Entwicklung bereit hält.

Kinder stärken durch Geborgenheit

In den ersten Jahren haben viele Eltern genug damit zu tun, überhaupt in ihre Rolle hineinzuwachsen. Mit der Geburt eines Kindes findet eine grundlegende Veränderung des Zusammenlebens statt. Es gibt eine neue Verantwortung. Berufliche, individuelle und familiäre Interessen müssen unter einen Hut gebracht werden. Es sind nicht mehr nur die eigenen Interessen oder die Wünsche der Partnerin oder des Partners, die berücksichtigt werden müssen. Manchen Eltern fällt es schwer, ihren bisherigen Lebensrhythmus umzustellen und Abstriche zu machen. Sie haben dann nicht genügend Zeit für das Kind. Wer seinem Kind eine Zukunft eröffnen will, der muss versuchen, die eigene Entwicklung und die des Kindes miteinander zu koordinieren.

Ein Kind gestaltet von Geburt an sein eigenes Leben aktiv mit. Zunächst braucht es natürlich Zuwendung, die Fürsorge und Hilfe erwachsener Personen. Aber schon bald will es selbst aktiv sein und macht sich auf die Suche, sich selbst und die Welt zu verstehen. Entscheidend ist die Resonanz, die ein Kind von seinen ersten Bezugsperson erfährt. Es braucht den körperlichen Kontakt. Das wissen und beachten die meisten Eltern. Sie betrachten ihr Kind nach der Geburt sehr genau von Kopf bis Fuß, sie streicheln das Neugeborene, nehmen es auf den Arm, betrachten seine Mimik und seine Körperbewegungen. Sie achten auf seinen Atem und nehmen jede Regung wahr.

Der Handlungsraum eines Kindes ist zunächst begrenzt und so hat der Augen-Kontakt zwischen Mutter und Kind bzw. der ersten Person und dem Kind eine entscheidende Bedeutung. Ein Kind spiegelt sich in den Augen der Mutter, heißt es. Das bedeutet, dass es neben dem direkten körperlichen Kontakt über den Blick der Mutter erfährt, ob es erwünscht ist und geliebt wird. Freude, Interesse aber auch Desinteresse und

Ablehnung nimmt ein Kind über den Augenkontakt zu seinen ersten Bezugspersonen wahr. Hier ist die Quelle für das später so wichtige Vertrauen der Kinder ihren Eltern gegenüber, das sie brauchen, wenn sie mit ihnen über unterschiedliche Probleme reden wollen, z. B. über die Verwicklung in eine Mobbingsituation. Die Bedeutung der Spiegelung (Resonanzerfahrung) für die Entwicklung des kindlichen Gehirns wird von Joachim Bauer (2005) sehr anschaulich und differenziert beschrieben.

Die meisten Eltern verhalten sich ihren Kindern gegenüber intuitiv richtig. Aber es gibt auch Eltern, die die Bedürfnisse ihrer Kinder nicht aufgreifen und ihren Wünschen, Sorgen und Nöten nicht die nötige Beachtung schenken.

Die Verhaltensbiologin Haug-Schnabel (2003) stellt fest, dass Kinder schon als Säuglinge mit »höchster Aufmerksamkeit« die Interaktionen mit der Mutter/dem Vater verfolgen. Aus dem Blickwinkel eines Babys könne man sich das innere Erleben so vorstellen: »Nehmen sie mich wahr?« »Achten sie auf meine Signale?« »Ist es ihnen wichtig, meine Bedürfnisse zu befriedigen?« Auch sehr kleine Kinder würden solche Wahrnehmungen auf ihre Weise bereits auswerten: »Wie ist es gelaufen? Komme ich mit meinen Erlebnissen zurecht? Habe ich so etwas erwartet?« Ihre frühen Erfahrungen werden von ihnen emotional erfasst und gespeichert. Je nach Erlebnis könne man sich das so vorstellen: »Das war eine gute Erfahrung.« »Das hat mich neugierig gemacht.« »Das war eine schlechte Erfahrung. Die will ich meiden.«

»Die wichtigste Form des Lernens in den ersten Lebensjahren beruht auf der Nachahmung. Das Kind braucht die Anregung und den Umgang mit vertrauten Personen, um sich sozial, sprachlich und auch geistig entwickeln zu können.« (Largo 2001, S. 28) Es hat einen starken inneren Drang, selbstständig zu werden. Kenntnisse über seine Umwelt erwirbt ein Kind in der spielerischen Auseinandersetzung mit unterschiedlichsten Gegenständen. Für Eltern bedeutet dies, dass sie sich Zeit nehmen sollten, sich z. B. mit ihrem Kind in das Kinderzimmer zu setzen und abzuwarten was passiert. Aus der großen Vielzahl der Spielmöglichkeiten soll beispielhaft das Bauen mit Bausteinen herausgegriffen werden. Ein Kind baut einen Turm und wird dabei von der Mutter/dem Vater beobachtet. Beide reden miteinander, vielleicht bauen die Erwachsenen mit. Absichtlich oder versehentlich kracht der Turm ein. Das kann Freude oder Enttäuschung auslösen, kann zum Weitermachen oder Aufgeben führen. Durch die achtsame Anwesenheit, das Zuschauen oder Mitspielen der Erwachsenen erleben Kinder ein Gefühl von Gemeinsamkeit, Geborgenheit und Bedeutsamkeit.

Allein dadurch, dass sich Eltern Zeit nehmen, sich für das Spiel ihrer Kinder interessieren und gelegentlich auch mitspielen, signalisieren sie ihrem Kind, dass es ihnen etwas bedeutet. Das gilt z. B. auch für das gemeinsame Betrachten von Bilderbüchern, Vorlesen und Erzählen. Das abendliche Ritual vor dem Einschlafen gehört zu den wichtigsten Zeiten im Tagesablauf, in denen ein Kind die Erfahrung von Geborgenheit braucht und auch erleben kann. Es ist oft jene Phase, in der wichtige Ereignisse des Tages in der Erinnerung des Kindes auftauchen und es nicht zur Ruhe kommen lassen. Das gilt z. B. für unangenehme Erfahrungen in der Schule. Manchmal sind es nur Andeutungen, die ein Kind während der Einschlafphase macht. Diese sollten am nächsten Tag aufgegriffen werden. Oft senden Kinder in der Übergangsphase vom Wachsein zum Schlaf wichtige Signale über ihre emotionale Befindlichkeit.

Aktiv im Spiel die Welt gestalten

Spielen ist ein Grundbedürfnis des Menschen. Im Spiel macht sich das Kind mit seiner sozialen und materiellen Umwelt vertraut, sucht sie zu begreifen und auf sie einzuwirken. Die treibenden Kräfte sind seine Neugier und Eigenaktivität. Ein grundlegendes Interesse an sich und der Welt entwickelt sich durch die Anregungen seitens der Eltern und durch die Kommunikation mit ihnen. Am besten gelingt dies im Spiel und in kreativen Prozessen. Viele Eltern spielen aber ungern. Die Fähigkeit zu spielen scheint sowohl bei den Kindern als auch bei den Eltern in beunruhigendem Maße verloren zu gehen. Dabei ist oft nicht mehr erforderlich als das geduldige Zuschauen, wenn ein Kind seine Entdeckungen macht.

Ein Experiment

Zum besseren Verständnis dessen, was alles im Spiel möglich ist, schlage ich Ihnen eine kurze Lesepause vor und ermuntere Sie zu einem Experiment. Versuchen Sie einmal, Spielräume Ihrer Kindheit zu erinnern. Suchen Sie Orte auf, an denen Sie zusammen mit anderen Kindern gespielt haben. Es können Spielräume im Haus oder in der Umgebung gewesen sein, an denen Sie sich im Frühjahr, Sommer, Herbst oder Winter aufgehalten haben. Vielleicht tauchen Sie in Spielräume aus Ihrer frühen Kindheit ein, vielleicht tauchen Sie in Räume Ihrer Jugendzeit ein. Wählen Sie eine Spielsituation aus und verweilen Sie in dieser Situation. Sie sehen Menschen, die damals dabei waren. Sie haben Ihr Spiel wieder vor Augen. Was haben Sie gespielt? Was haben Sie im Spiel erlebt? In Ihrer Antwort auf diese Fragen spiegelt sich der Kosmos des Spiels wider.

Das Spielen erlaubt dem Kind, neue Fertigkeiten zu erproben, Lösungen und Strategien für immer komplexere Probleme zu erfinden und schließlich auch emotionale Konflikte zu bewältigen. Der Ernst, die Freude und Begeisterung im Spiel spiegeln die innere Motivation wider, die belebte und unbelebte

Umwelt erkunden, Regeln und Zusammenhänge entdecken und selbst etwas bewirken zu wollen. So wird das Spiel trotz Anstrengung, gelegentlicher Frustrationen und Momenten von Langeweile zu einer unersetzbaren Quelle von Zufriedenheit, Selbstsicherheit und positivem Selbstwertgefühl.

Im Spiel kann das Gewinnen und Verlieren gelernt werden. Hier erfolgt der Aufbau von Frustrationstoleranz – eine der wichtigsten emotionalen und sozialen Erfahrungen. Weitaus wichtiger als die Auswahl von Spielzeugen und Förderaktivitäten ist die Kommunikation, die Verständigung mit dem Kind. Das Spiel schafft einen Rahmen, in dem Eltern und Kind ihre Aufmerksamkeit gemeinsam auf einen Gegenstand lenken. Sie teilen Anspannung, Aufregung und Freude miteinander und tauschen sich darüber aus. Im Spiel erschaffen sich Eltern und Kind ihre gemeinsame Erfahrungswelt und Sprache. Sie regen so – das muss ihnen beim Spiel natürlich nicht bewusst sein – die strukturbildenden Elemente im kindlichen Gehirn an und schaffen dadurch die Voraussetzungen für spätere Konzentrationsfähigkeit sowie die Fähigkeit, komplexe Strukturen, wie sie in Mobbingprozessen auftreten, zu durchschauen und handlungsfähig zu bleiben.

Die Münchner Forscherin Mechthild Papoušek (2003) musste allerdings bei ihren Untersuchungen und Beratungen feststellen, dass schon bei vielen noch ganz jungen Kindern eine Spiel-Unlust zu beobachten ist. Und das nicht nur bei Kindern, sondern auch bei deren Eltern. »Ich tue alles für mein Kind, aber das Spielen liegt mir nicht«, sagen mehr und mehr Mütter. Sie stellt fest: »Die Fähigkeit zum Spielen ist auf breiter Ebene in Gefahr geraten.« Die Folge ist, dass viele Kinder nicht mehr über ausreichende positive Erfahrungen ihrer Selbstwirksamkeit verfügen. Damit wird ein wichtiger Schutzfaktor für einen konstruktiven Umgang mit Mobbing vernachlässigt oder gar nicht erst ausgebildet. Denn im Spiel setzt sich ein Kind durch aktive Gestaltung mit sich und der Welt auseinander. Hier werden die

Grundlagen für emotionale Erlebnismuster und für die später so wichtige innere (intrinsische) Motivation gelegt.

In ihren Filmen zeigt Mechthild Papoušek z. B. ein Baby, das ein Mobile in Bewegung bringt. Zunächst sind es zufällige Bewegungen, die zum Antrieb des Mobiles führen, später werden sie gezielt eingesetzt. Das Kind macht nun die Erfahrung, dass das Ereignis etwas mit ihm zu tun hat. Wenn dann die Mutter und/oder der Vater in der Nähe sind und die Freude mit ihrem Kind an dessen Tun teilen, erfährt ein Kind, dass sein Spiel für die Eltern eine Bedeutung hat. So wird sein Tun auch im eigenen Erleben als bedeutsam wahrgenommen.

Entscheidend ist, dass ein Kind immer wieder diese oder ähnliche »Mobile-Erfahrungen« machen kann. Es braucht immer wieder die Bestätigung, dass ein Ereignis etwas mit ihm zu tun hat. So beginnt die Entwicklung der Persönlichkeit und die innere Motivation, aktiv auf die Suche zu gehen. In allen Lernbereichen ist es wichtig, dass Kinder immer wieder die Erfahrung von Selbstwirksamkeit und Bedeutsamkeit machen. Das könnte für die schulische Pädagogik heißen, Projektarbeit stärker in den Vordergrund zu rücken, damit die Schülerinnen und Schüler immer wieder die Erfahrung ihrer Selbstwirksamkeit machen (Gebauer 2005). Es heißt mit Sicherheit, dass das Interesse der Lehrerin bzw. des Lehrers sich nicht nur auf die kognitive, sondern vor allem auch auf die emotionale Entwicklung der Schülerinnen und Schüler richten muss. Bezogen auf den Umgang mit Mobbing bedeutet es, dass die Schülerinnen und Schüler den Erfahrungsraum erhalten, in dem sie – mit Unterstützung ihrer Lehrerinnen und Lehrer – Mobbingsituationen selbstständig zu lösen suchen. Dafür müssen sich die Lehrkräfte Zeit nehmen.

Die Säuglingsforschung legt die Vermutung nahe, dass eine der Ursachen für spätere Demotivation und Unkonzentriertheit u. a. im Rückgang der Spiellust bei kleinen Kindern zu suchen sei. In der Schule fallen Kinder, die keine Chance

hatten, das ruhige Spielen zu lernen, oft durch Verhaltens-
und Lernprobleme auf. Sie können sich nicht auf Unterrichts-
inhalte konzentrieren, Lerninhalte nicht behalten und sie
daher auch nicht in neuen Zusammenhängen anwenden. Es
fehlt die innere Motivation, sich konzentriert und über einen
längeren Zeitraum der Lösung eines Problems zu widmen.
Ursachen dafür könnten sein, dass sich diese Kinder bei
wichtigen Entwicklungsschritten nicht angemessen auf das
jeweilige Problem konzentrieren konnten. Eine Folge kann
sein, dass Kinder dann ein inneres Verhaltensmuster ausbilden, das ihnen in problematischen Situationen nahe legt,
eher wegzuschauen, als aktiv nach einer Lösung zu suchen.

Anders ergeht es Kindern, die eine wohlwollende Begleitung ihrer Eltern haben, wenn es darum geht, alltägliche Dinge
zu erproben: die Türklinke zu erreichen, am Spülbecken zu
hantieren, das Roller- oder Radfahren zu erlernen oder im Spiel
die Erfahrung des Verlierens zu machen. Allen neuen Entwicklungsschritten haftet die Möglichkeit des Scheiterns an. Werden solche Situationen unterstützend von Eltern begleitet,
dann kann sich die grundlegende Fähigkeit ausbilden, auch
Lösungen für zunächst unlösbar scheinende Situationen zu
suchen und zu erproben.

Manche Eltern haben hohe Erwartungen an sich selbst
und ihr Kind. Sie wollen nichts versäumen, was ihr Kind för-
dern könnte, und setzen damit sich selbst und ihr Kind unter
Druck. In einem Klima überhöhter Erwartungen und einem
Überangebot von Spielzeugen und Förderinitiativen können
Neugier und Eigeninitiative des Kindes jedoch nicht gedeihen.

Schutz durch sichere Bindung

Kinder brauchen für ihre gelingende Entwicklung ein aus-
reichendes Gefühl von Sicherheit. Dieses erlangen sie über die

Beziehungssicherheit zu ihren Hauptbezugspersonen. Später können diese auch durch nahe Familienangehörige, Freunde, Erzieherinnen, Lehrer ersetzt werden.

Der menschliche Säugling hat die angeborene Neigung, die Nähe einer vertrauten Person zu suchen. Das Ziel seiner Suche ist Sicherheit. Reagiert eine Mutter oder eine andere primäre Bezugsperson angemessen, d. h. feinfühlig auf die Bedürfnisse ihres Kindes, so wird es wahrscheinlich mit einem Jahr »*sicher gebunden*« sein. Das bedeutet, dass ein Säugling diese Person bei Bedrohung und Gefahr als sicheren Ort aufsucht, an dem er Schutz und Geborgenheit erwartet. Reagiert die Mutter eher zurückweisend auf sein Bindungsbedürfnis, so entwickelt sich daraus eher eine »*unsicher-vermeidende*« Bindung. Der Säugling verinnerlicht, dass seine Wünsche nach Nähe und Geborgenheit von der Mutter nicht mit Zuwendung, sondern mit Ablehnung und Zurückweisung beantwortet werden. Möglicherweise wirken solche Muster sehr lange, wenn sie nicht bearbeitet werden.

Sind die mütterlichen Antworten auf das Bedürfnis des Kindes eher willkürlich und wenig vorhersagbar, entwickelt ein Kind voraussichtlich eine »*unsicher-ambivalente*« Bindung. Diese Kinder weinen lautstark in der Trennungssituation und klammern sich an der Mutter fest. Über lange Zeit sind sie nicht zu beruhigen und können nicht mehr zum Spiel in einer emotional ausgeglichenen Verfassung zurückkehren. Einerseits klammern sie, andererseits zeigen sie auch aggressives Verhalten (Dornes 2000).

Die Bindungsqualität wurde von Bindungsforschern in unterschiedlichen Situationen untersucht. Dazu gehören auch Beobachtungen in der Familie und im Kindergarten. Nach Brisch (1999) ist die Verteilung der einzelnen Bindungsmuster folgendermaßen: 50–60 % sind sicher gebunden, 30–40 % unsicher-vermeidend und 10–20 % unsicher-ambivalent. Die Auswirkungen dieser Bindungsmuster wurden im Kindergarten bei Konflikten, im Spiel und bei zwiespältigen Situationen beobachtet. Im Alter von zehn Jahren stand das Verhältnis zu Freunden und die Kommunikationsfähigkeit im Mittelpunkt (siehe Abb. 5).

	Kindergarten			mit 10 Jahren
	Konflikt	Spiel	zwiespältige Situation	Freunde Kommunikation
sicher gebunden	bleiben realistisch, suchen selbstständig nach Lösungen	mehr Fantasie, Ausdauer, erfindungsreicher, höhere Frustrationstoleranz	äußern sich abwägender und differenzierter	weniger Probleme mit Gleichaltrigen, realistische Zahl guter Freunde
unsicher gebunden	ängstlich, aggressiv, brauchen fast ständig Hilfe	häufig verärgert, geringere Toleranz, geben oft auf	interpretieren diese primär als aggressiv	weniger Freunde, viele Probleme, unrealistisch große Zahl bester Freunde, sprechen kaum über Gefühle

Abb. 5: Langfristige Effekte von sicherer und unsicherer Bindung

Für unsere Fragestellung ist zunächst das Verhalten der Kinder in Konfliktsituationen von Bedeutung. Es fällt auf, dass unsicher gebundene Kinder (d. h. Kinder mit einer »unsichervermeidenden« und »unsicher-ambivalenten« Bindung) in Konflikten stärker die Unterstützung erwachsener Personen zur Lösung des Problems benötigen. Sicher gebundene Kinder verfügen dagegen über ein Repertoire an Lösungsmöglichkeiten. Man kann daher annehmen, dass im Gehirn dieser Kinder Erfahrungen gespeichert sind, die in akuten Konfliktsituationen als Lösungsmöglichkeiten zur Verfügung stehen.

Weiterhin ist von Bedeutung, dass Kinder mit unsicheren Bindungserfahrungen oft keine feste Freundschaft eingehen. Sie verfügen über eine Vielzahl lockerer Verbindungen zu Mitschülerinnen und Mitschülern. Anders ist es bei Kindern mit einer sicheren Bindungserfahrung. Sie haben eine realistische Zahl guter Freunde und können in Konfliktsituationen in der

Regel auf diese Freundschaften bauen. Das kann sich allerdings in Mobbingsituationen ändern. Diese Erfahrung trägt dann mit zu der großen Verunsicherung bei, in die Mobbingopfer zusätzlich geraten, wenn sie auch noch von der besten Freundin oder vom besten Freund im Stich gelassen werden.

Die Ergebnisse der Bindungsforschung weisen darauf hin, dass sichere Bindungserfahrungen eine Langzeitwirkung entfalten und sich auf alle Bereiche der Persönlichkeitsentwicklung auswirken können. Wichtig ist in diesem Zusammenhang, dass unsichere Bindungen in sichere umgewandelt werden können, wenn ein unsicher gebundenes Kind im Laufe seiner Entwicklung zugewandten Menschen begegnet. Umgekehrt gibt es keine Garantie dafür, dass eine sichere Bindung in der frühen Kindheit zeitlebens ein Grundgefühl von Sicherheit vermittelt. Schicksalsschläge und Krisen können unser Geborgenheitsgefühl erheblich beeinträchtigen.

Bei Mobbingsituationen, wie sie in der Schule stattfinden, geht es im Kern darum, durch Gewalt oder Androhung von Gewalt Unsicherheitsgefühle in Sicherheitsgefühle umzuwandeln. Aus diesem Grund dürfte die große Zahl unsicher gebundener Kinder gefährdet sein, zu künftigen Mobberinnen und Mobbern zu werden. Es handelt sich bei dieser Feststellung um eine Annahme, die durchaus plausibel ist. Entsprechende wissenschaftliche Untersuchungen wären dringend erforderlich.

Gerade unsicher gebundenen Kindern mangelt es an Grundvertrauen in den eigenen Selbstwert und auch an Vertrauen in andere Personen. Da ein Mensch nicht ohne Beziehungen zu seinen Mitmenschen existieren kann, sind unsicher gebundene Kinder immer wieder darauf angewiesen zu versuchen, neue Beziehungen einzugehen. Leider scheitern sie oft damit. Ihrer Hoffnung, dass sie beim erneuten Kontaktversuch erfolgreich sein könnten, haftet immer schon die potenzielle Enttäuschung an, dass es wieder nicht klappen könnte. Daraus entwickelt sich ein Verhaltensmuster, das eine tragische Komponente besitzt. Die eigenen Versuche, Kontakte zu knüpfen, schlagen in ihr Gegenteil um. Das passiert deswegen so leicht, weil andere Kinder es verstehen, solche Situationen für ihre eigene innere Stabilisierung zu nutzen. Grundsätzlich kann jede Schülerin und jeder Schüler Opfer von Mobbing werden. Es ist hingegen eher unwahrscheinlich, dass Kinder mit einem guten Selbstwertgefühl zu Mobbern werden.

Die Bedeutung der Verschaltungsmuster im Gehirn

Die moderne Hirnforschung stellt ebenfalls wie die Säuglings- und Bindungsforschung fest, dass ein Kind mit seiner Geburt aktiv beginnt, sein Leben selbst zu gestalten. Seine Motivation zum aktiven Tun, sein Suchen nach einem Selbst- und Weltverständnis setzen dann unmittelbar ein. »Wenn wir dem Prozess der Entwicklung des menschlichen Gehirns vor der Geburt und während der frühen Kindheit zuschauen könnten, würde uns wohl vor Faszination der Atem stillstehen«, sagt der Göttinger Hirnforscher Gerald Hüther. Er fährt fort:

»Wir würden sehen, wie von einer unsichtbaren Hand gesteuert zunächst Millionen und Abermillionen Nervenzellen durch Zellteilungen gebildet werden und sich zu Zellhaufen ordnen. Wir könnten aus diesen Nervenzellen auswachsende Fortsätze erkennen, die mit anderen Zellen in Kontakt treten und wir müssten zuschauen, wie ein erheblicher Teil dieser Nervenzellen einfach abstirbt und für immer verschwindet, weil es ihnen nicht gelungen war, sich in ein Netzwerk einzuordnen und dort eine bestimmte Funktion zu übernehmen. Die verbliebenen Nervenzellen formieren sich anschließend zu deutlich voneinander abgegrenzten Verbänden, so genannten Kerngebieten, und begin-

nen ein immer dichteres Netzwerk von Fasern und Fortsätzen innerhalb dieser Kerngebiete und zwischen diesen verschiedenen Kerngebieten herauszubilden. Während dieser Phase scheint es so, als ob sich jede Nervenzelle mit jeder anderen über so viele Kontakte wie nur irgendwie möglich verbinden wollte. Zu diesem Zeitpunkt, im Hirnstamm liegt er bereits vor der Geburt, im Stirnhirn wird er etwa im 3. – 6. Lebensjahr erreicht, also zu einer Zeit, in der die Kinder in der Regel einen Kindergarten besuchen, ist die Anzahl der Nervenzellkontakte (Synapsen) so groß wie niemals wieder im späteren Leben; denn wenn erst einmal alles mit allem verbunden ist, werden anschließend all jene Kontakte wieder zurückgebildet und aufgelöst, die nicht ›gebraucht‹, also nicht durch entsprechende Nutzung und Stimulation gefestigt und stabilisiert werden.« (Gebauer/Hüther 2003, S. 9)

»Nutzungsabhängige Stabilisierung synaptischer Netzwerke« heißt das in der Sprache der Hirnforscher. Die Region, in der sich während der frühen Kindheit so besonders intensive Nervenzellkontakte herausbilden, ist die Hirnrinde, und hier ganz besonders der vordere, zuletzt ausreifende Bereich, der so genannte Stirnlappen. Diese für unser menschliches Hirn besonders typische Region brauchen wir, wenn wir uns ein Bild von uns selbst und unserer Stellung in der Welt machen wollen, wenn wir unsere Aufmerksamkeit auf bestimmte Wahrnehmungen richten, Handlungen planen und die Folgen von Handlungen abschätzen, wenn wir uns in andere Menschen hineinversetzen und Mitgefühl entwickeln. Was hier geschieht, kann mit Begriffen wie Selbstwirksamkeitserfahrungen, Aufbau von Motivation, Empathiefähigkeit, Impulskontrolle bezeichnet werden, d. h. es geht um soziale und emotionale Kompetenz. Genau diese Fähigkeiten brauchen Kinder mehr als alles andere, wenn sie sich später in der Schule und im Leben zurechtfinden, lernbereit, wissensdurstig und neugierig bleiben und mit anderen gemeinsam nach brauchbaren Konfliktlösungen suchen wollen. Die für diese Fähigkeiten verantwortlichen hochkomplizierten Nervenzellverschaltungen in ihrem Gehirn und dort speziell im Frontallappen stabilisieren sich jedoch nicht von allein. Sie müssen durch eigene Erfahrungen und anhand entsprechender Vorbilder herausgeformt und gefestigt werden.

Bevor überhaupt Lösungen, z. B. für die erfolgreiche Klärung von Mobbingsituationen gesucht werden können, muss eine Wahrnehmungsfähigkeit ausgebildet sein, mit der es möglich ist, solche Situationen zu erkennen. Die Beispiele zeigen, dass viele Schüler und Lehrer oft gar nicht verstehen, was vor ihren Augen abläuft, was ihnen angetan wird oder was sie anderen antun. Der Grund dafür liegt in einer nicht genügend ausgebildeten Wahrnehmungsfähigkeit für die inneren Strukturen, nach denen Mobbing abläuft. Alles, was wir wahrnehmen – ob es sich nun um das Gesicht eines Menschen oder um seine »bösen« Taten handelt – braucht, damit es wahrgenommen werden kann, im Gehirn ein System, von dem das Signal ausgeht: Gesicht oder »böse Tat«. So ist das auch, wenn es darum geht, Mobbing zu verstehen. Damit Schülerinnen und Schüler sich möglichst nicht in Mobbingprozesse verwickeln lassen und Lehrkräfte nicht hilflos den ständigen Wiederholungen ausgesetzt sind, ist ein inneres Vorstellungsvermögen notwendig, d. h. ein Schema oder eine neuronale Vernetzung von den Abläufen und Motivationen bei Mobbing.

Solche Systeme bilden sich aufgrund von Erfahrungen als synaptische Verschaltungen aus. Wenn Eltern nicht mit ihren Kindern über die unterschiedlichsten Konflikte, wie sie in jeder Familie auftreten, reden, kann sich im Gehirn auch kein System darüber ausbilden, wie man Konflikte verstehen und lösen kann. Fördern lässt sich dieser hirnorganische Prozess dadurch, dass man alle Gelegenheiten nutzt – es gibt genug – und die darin liegenden emotionalen Erfahrungen thematisiert (Gebauer/Hüther 2003).

Wenn Konflikte besprochen und dabei auch die Emotionen berücksichtigt werden, führt dies dazu, dass neuronale Verschaltungen zwischen emotionalen und kognitiven Arealen im Gehirn entstehen. Macht ein Kind z. B. die Erfahrung, dass ein Konflikt durch Gewalt des Vaters beendet wird, dann spurt sich diese Erfahrung als potenzielles Lösungsmuster ein. Ganz andere Wahrnehmungs- und Verarbeitungsmuster entwickeln sich dagegen, wenn gemeinsam nach einer Lösung gesucht wird. Sowohl negative als auch positive Problemlösungen werden im Gehirn als potenzielle Muster gespeichert. Da über dieselben emotional-kognitiven Bahnen wesentliche Interaktionen während des ganzen Lebens erfolgen (Ciompi 1997, S. 58), ist es wichtig, dass wir der Wahrnehmung von Konflikten und ihrer Bearbeitung eine große Bedeutung beimessen.

Was Eltern tun können

Diese wichtigen Strukturierungsprozesse im kindlichen Gehirn können durch die Erfahrungen in der Familie unterstützt oder beeinträchtigt werden. Fördernde Verhaltensweisen sind:
- emotionale Sicherheit und Anregung geben,
- Grenzen setzen und Frustrationen erleben lassen,
- das Selbstbewusstsein stärken und dabei realistisch bleiben,
- die Gefühle des Kindes wahrnehmen,
- Interesse an seiner Entwicklung zeigen,
- Konflikte für Klärungsgespräche nutzen,
- mit Freunden, anderen Eltern, Erzieherinnen und Lehrern das Gespräch suchen,
- bei unlösbar erscheinenden Problemen rechtzeitig professionelle Hilfe suchen.

Das gelingt nicht immer oder nicht in ausreichendem Maße. Es kann aus unterschiedlichsten Gründen zu Irritationen kommen. Im Elternhaus können sie hervorgerufen werden durch:

- Beziehungsprobleme in den Familien,
- Trennungen/Neuanfänge,
- Abwesenheit der Väter,
- Selbstlosigkeit der Mütter,
- übermäßige Autorität der Väter,
- Gewalterfahrungen,
- vernachlässigende oder verwöhnende Erziehung,
- übermäßiger Fernsehkonsum,
- Eintauchen in virtuelle Welten,
- Verlust des Realitätssinns,
- Unsicherheitserfahrungen (fehlendes Vertrauen, fehlende Offenheit, Schweigen),
- Umkehrung der Eltern-Kind-Rolle.

Einige der genannten Aspekte sollen an Beispielen erläutert werden:

Umkehrung der Eltern-Kind-Rolle

Zu einer Umkehrung der Eltern-Kind-Rolle kann es dann kommen, wenn sich ein Kind selbst überlassen bleibt oder sein Mitspracherecht bei Entscheidungen nicht begrenzt wird. So beschloss z. B. ein Schüler in der 2. Klasse, keine Hausaufgaben mehr zu machen. Die Eltern sahen sich nicht in der Lage, darauf Einfluss zu nehmen. Im Vorfeld hatte der Junge bereits entschieden, dass er im Bett des Vaters – neben der Mutter – schlafen würde. Sein Vater musste im Kinderbett schlafen. Außerdem bestand er darauf, dass ein Fernseher im Schlafzimmer installiert werden musste. So könne er besser einschlafen. Schließlich reduzierte er sein schulisches Lernen auf ein Mindestmaß und beschloss, auf eine Schule für Lernbehinderte zu gehen. Dort, so hatte er erfahren, müsse man sich nicht so anstrengen. Die Eltern folgten den Vorstellungen ihres Sohnes.

Die große Chance für die psychosoziale Entwicklung, die in einer – dem Alter des Kindes entsprechenden – Auseinandersetzung gelegen hätte, wurde nicht wahrgenommen. Auf die Bewältigung künftiger Lern- und Sozialsituationen dürfte sich dies sehr negativ auswirken.

Verwöhnende Erziehung

Wegen versuchten Totschlags wird im März 2005 ein 23-jähriger junger Mann zu einer Freiheitsstrafe von viereinhalb Jahren verurteilt, weil er im Streit mehrfach auf seinen Vater und auch auf seine Mutter eingestochen hatte.

Zum Streit war es gekommen, weil die Eltern die ständigen Geldforderungen des Sohnes nicht mehr erfüllen wollten. Mit 12 Jahren begann er, Alkohol zu konsumieren, mit 14 Haschisch. Als er 17 war, zog seine Freundin mit in die 65-m²-Wohnung. An seinem 18. Geburtstag erhielt er von seinen Eltern ein Sparbuch mit 6000 Euro. Ein Versuch, sich mit der Freundin selbstständig zu machen, scheiterte. Mit 19 zog er zurück in die elterliche Wohnung. Der junge Mann ging keiner Arbeit nach, blieb beim Drogenkonsum, er ging kaum noch in die Stadt, zu Hause hörte er laute Musik. Ihr Sohn habe immer mehr verlangt, sei zunehmend aggressiver geworden, sagen die Eltern vor Gericht. Der Gutachter diagnostiziert eine drogenbedingte Persönlichkeitsveränderung. Er sei eine emotional instabile Persönlichkeit mit der Psyche eines 14- bis 16-Jährigen. Der junge Mann habe seinen Vater töten wollen, so das Gericht und spricht von einer »Verwöhnungsverwahrlosung« als Ursache für die Eskalation (Göttinger Tageblatt, 11. 03. 05).

Auch hier haben die Eltern ihre Erziehungspflicht nicht in dem erforderlichen Maß wahrgenommen oder wahrnehmen können. Es entstanden eine innere Leere und ein Hass, der sich gegen die eigenen Eltern richtete. Beides zusammen führte, so darf man annehmen, zu dieser schwerwiegenden Tat. Psychosoziale Kompetenz konnte in beiden Fällen nicht ausgebildet werden. Es blieb bei der Entwicklung zu einer extrem selbstbezogenen Persönlichkeit.

Elterliches Engagement

Viele Eltern zeigen aber Interesse an der Entwicklung ihrer Kinder und unterstützen sie auch in äußerst kritischen Situationen, wie z. B. Mobbing. Die folgenden Beispiele zeigen, dass engagiertes elterliches Handeln helfen kann. Die Mutter eines Mädchens, das in der 9. Klasse einer Realschule Opfer von Mobbing geworden ist, erzählt:

»Ich bin aufmerksam geworden, weil die Leistungen meiner Tochter Melissa immer schlechter wurden. Daraufhin habe ich mit ihr gesprochen und erfahren, dass sie seit einiger Zeit von drei Mitschülerinnen Briefe bekommt, in denen sie aufgefordert wird, sich während des Unterrichts nicht so oft zu melden und sich nicht so hervorzutun. Meine Tochter wollte diese Anweisungen auch befolgen, dann habe sie ihre Ruhe. Aber das hat *mir* keine Ruhe gelassen. Ich habe sofort die Klassenlehrerin angerufen und um ein Gespräch gebeten. Ich habe auch andere Eltern informiert. Gemeinsam haben wir dafür gesorgt, dass die Vorgänge auf einem Elternabend besprochen wurden. Es stellte sich heraus, dass diese drei Schülerinnen in der Klasse die »Macht« übernommen hatten. Hinter dem Rücken der Lehrer, die von allem nichts gemerkt hatten oder nichts merken wollten, haben die drei ihre eigenen Regeln aufgestellt. Dazu gehörte, dass sie bestimmten, wie sich Melissa im Unterricht zu verhalten habe.

Zum Glück griffen die Lehrkräfte die Situation sofort auf und reflektierten die Ereignisse. Es stellte sich dabei heraus, dass die Gruppe auch geplant hatte, Melissa Gewalt anzutun, wenn sie sich nicht an die geforderten Vorgaben hielte. Weiter wurde deutlich, dass alle Mädchen in der Klasse die Mobbingsituation kannten, aber nichts dagegen unternommen hatten. Nach den Gesprächen haben sich einige Mitschülerinnen bei Melissa entschuldigt. Auch eine der Mütter der Mädchen, von denen das Mobbing ausging, hat sich telefonisch für das Verhalten ihrer Tochter entschuldigt.

Melissa geht es sonst gut. Sie hat außerhalb der Schule zu anderen Mädchen Kontakt und geht ihren Hobbys nach. Vorsorglich hatte ich einen Termin bei der Familienberatung vereinbart, aber Melissa sagt, das sei nicht nötig.«

Die Mutter eines Mädchens, das zur Mobberin wurde, erzählt bei einem Treffen im kleinen Kreis:

»Meine Tochter Celina hat zusammen mit zwei anderen Schülerinnen ein Mädchen aus ihrer 9. Klasse über einen längeren Zeitraum gemobbt. Ich kann es mir nicht erklären. Sie kann es sich selbst nicht erklären. Sie hat zusammen mit zwei anderen Schülerinnen ein Abführmittel gekauft. Das wollten sie Natalie ins Getränk mischen. Es ist zum Glück nicht dazu gekommen, aber das Ganze flog auf. Meine Tochter kam an diesem Tag völlig fertig nach Hause: ›Wir haben Scheiße gebaut‹, hat sie zu mir gesagt. Sie weiß nicht, warum sie das gemacht hat. Fragt man die Schülerinnen, was los ist, erklären sie, dass sie alle biestig zueinander seien. Man brauche daher den Schutz einer Gruppe, um vor den anderen sicher zu sein. Irgendwie sei man unsicher und unzufrieden. Celina hatte jedenfalls die Idee gehabt, Natalie ein Abführmittel zu verabreichen. Sie habe das in einem amerikanischen Film gesehen, und das sei sehr lustig gewesen. Die drei Mädchen hatten ihr Vorhaben eine ganze Weile lang auch mit anderen besprochen. Es kam keine kritische Resonanz von ihren Mitschülerinnen.

Inzwischen wurde bei einer Klassenkonferenz den drei Mädchen angedroht, dass sie im Wiederholungsfall die Schule verlassen müssen. Es ist auch Anzeige bei der Polizei erstattet worden.

Angefangen hat alles vor drei Jahren. Die Schülerinnen und Schüler waren sehr unruhig und wenig leistungsorientiert. Natalie war damals schon Opfer. Einige Eltern wussten das. Sie sprachen auch mit dem Klassenlehrer. Es passierte aber nichts. Wir hatten den Eindruck, dass sich keiner für die Entwicklung in der Klasse verantwortlich fühlte.

Ich kann es nicht verstehen, dass meine Tochter da mitgemacht hat. Ich dachte, sie sei sensibel und mitfühlend – nun so etwas. Ich suche nach Gründen. Mein Mann hat sich von uns getrennt, als Celina drei Jahre alt war. Er hat sich nie um sie gekümmert. In den letzten Jahren haben sie nur manchmal miteinander telefoniert. Sie sieht ihn einmal im Jahr. Ich habe mich immer für die Entwicklung meiner Tochter interessiert. Bis heute ist das so. Verstehen kann ich das Ganze nicht. Meine Tochter bereut, was sie gemacht hat. Sie hat sich auch bei Natalie dafür entschuldigt. Ich habe Natalies Mutter angerufen und mich ebenfalls für das Verhalten meiner Tochter entschuldigt. Demnächst soll ein Elternabend stattfinden. Vielleicht kann ich dann besser verstehen, wie es dazu kommen konnte.«

Bedingungen für die Entwicklung psychosozialer Kompetenz

Wenn man die bisherigen Überlegungen zusammenfasst und die Ergebnisse aus der Säuglings-, Bindungs-, Hirn-, Emotions-, Konflikt- und Schulforschung berücksichtigt, wird deutlich, dass es bestimmte Bedingungen für die Entwicklung psychosozialer Kompetenz gibt, die auch die Basis für gelingende Selbstwertentwicklung darstellen:

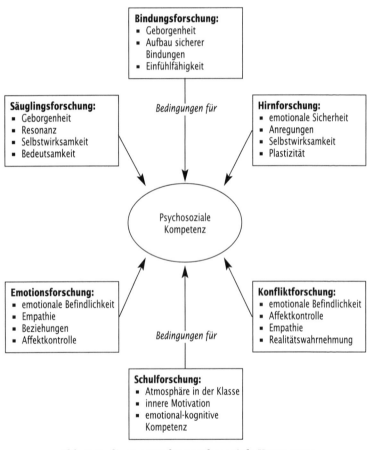

Abb. 6: Bedingungen für psychosoziale Kompetenz

Es fällt auf, dass alle relevanten Forschungsbereiche ähnliche bzw. identische Aspekte als Bedingungen für die Entwicklung einer emotionalen bzw. psychosozialen Kompetenz benennen. Zu ihnen gehören zunächst Geborgenheit und die Anregung zu eigenen Aktivitäten. Diese führen zu der Erfahrung, selbst etwas bewirken zu können. Selbstwirksamkeitserfahrungen und die zugewandte (empathische) Anerkennung durch nahe erwachsene Personen führen zum Aufbau und zur Ausdifferenzierung der Motivationssysteme. Werden die im Laufe der kindlichen Entwicklung auftretenden Konflikte so bearbeitet, dass die Kinder sich ihrer Gefühle nicht schämen müssen, sondern sie benennen und zum Ausgangspunkt von Klärungsgesprächen machen können, dann lernen Kinder die Fähigkeiten, die sie später für einen konstruktiven Umgang mit Mobbingsituationen gut gebrauchen können (Gebauer 1996 und 2000a).

Diese Fähigkeiten können als Schutzfaktoren angesehen werden. Sie schützen davor, selbst Täter zu werden oder sich in eine Situation als Mitläufer oder Zuschauer verstricken zu lassen. Für den Fall, dass man Opfer einer Mobbingsituation wird, bilden sie wichtige Voraussetzungen dafür, im Vertrauen auf die eigene Wahrnehmung entscheidend an einer Klärung mitarbeiten zu können.

Allerdings ist die aktuelle Situation nicht so, dass wir hoffnungsvoll in die Zukunft blicken könnten. Gerade hierin könnte jedoch auch die Motivation liegen, die Entwicklung einer emotionalen Kompetenz zu fördern.

Zur aktuellen Erziehungssituation

Mit einem Mosaik aus Zahlen aus den vergangenen Jahren soll der aktuelle Erziehungshintergrund ausgeleuchtet werden. Die Statistiken zeigen, dass in der Erziehung der Gegenwart wichtige Elemente verloren gegangen sind:

40% der zwölfjährigen Kinder haben nach einer Untersuchung Kreislaufprobleme, 33% haben Haltungsprobleme, bei 50% liegt eine Muskelschwäche vor. Bis zu 25% der Schüler haben Probleme beim Lesen und Schreiben. Fast jeder fünfte Schüler in Deutschland kann nicht mehr richtig sprechen. Eine andere Untersuchung kommt zu dem Ergebnis, dass 33% der Kinder nachmittags allein zu Hause sind. Bis zu 30% der bundesdeutschen Schüler leiden an Beschwerden, über die auch Manager klagen könnten: Schlafstörungen, Konzentrationsschwäche, Kopf- und Magenschmerzen. Jedes Jahr unternehmen in Deutschland 30 000 Kinder und Jugendliche einen Suizidversuch. 1000 dieser Versuche enden tödlich. Vor allem Vernachlässigung und Einsamkeit im Elternhaus sowie sexueller Missbrauch führen oft zu einer Lebenskrise, aus der manche keinen anderen Ausweg mehr wissen.

Jugendämter müssen immer mehr Kinder in ihre Obhut nehmen. Die Gründe sind Überforderung der Eltern, Beziehungsprobleme in den Familien, Misshandlung, sexueller Missbrauch. Oft sind Alkoholismus und Drogensucht die Gründe dafür, dass sich die Eltern nicht mehr genügend um ihr Kinder kümmern (Gebauer 2001, S. 167).

Die neueste Erhebung über körperliche Züchtigungen von Kinder durch ihre Eltern, die vom Familien- und Justizministerium am 4. 9. 02 in Berlin vorgestellt wurde, kommt zu folgenden Ergebnissen (die Zahlen in Klammern bezeichnen die Ergebnisse aus dem Jahr 1996): 60% (72%) der Eltern geben ihren Kindern gelegentlich eine leichte Ohrfeige. 26% (32,2) der Eltern versohlen ihnen auch schon einmal kräftig den Po ihrer Kinder; eine schallende Ohrfeige erhalten weniger als 10% (fast 20%). 88% (76%) der befragten Eltern wollen in Zukunft darauf verzichten. 57% geben Hilflosigkeit in Erziehungsfragen als Motiv für ihre Gewaltanwendung an (Frankfurter Rundschau, 5. 9. 02).

Erlittene Gewalt bewirkt Demütigung. Im Laufe der weiteren Entwicklung kann es dann zu dem Versuch kommen, erfahrene Demütigungen in Macht umzuwandeln. Kontinuierliche, aber auch einzelne besonders intensive Gewalterfahrungen können zu einem traumatischen Erleben führen. Traumatisierungen in Zusammenhang mit Gewalterfahrungen stellen ein hohes Risiko für eigenes gewalttätiges Handeln dar. Es ist aber nicht so, dass diese Kinder zwangsläufig zu Tätern werden. »Ein Teil von ihnen hat schützende Lebensbedingungen, in denen die Traumatisierungen heilen können. Viele dieser traumatisierten Kinder entwickeln aber auch eine Opferdynamik. Wenn Menschen traumatisiert wurden, werden sie auch später leicht wieder zum Opfer.« (Cierpka 2001, S. 127)

Neuere Untersuchungen beschäftigen sich mit den Folgen von Armut auf das Lern- und Sozialverhalten von Kindern. In allen relevanten Bereichen wie Grundversorgung, Sprach-, Spiel- und Sozialverhalten schneiden Kinder aus armen Familien wesentlich schlechter ab als Kinder aus nichtarmen Familien.

Neben einer ausreichenden materiellen Sicherheit der Familien erweisen sich insbesondere ein gutes Familienklima und regelmäßige gemeinsame familiäre Aktivitäten als bedeutsam für das Wohlergehen und für die Zukunftschancen eines Kindes. Die ungünstigste Konstellation liegt dann vor, wenn materielle Defizite mit geringer Zuwendung einhergehen (Sozialbericht der Arbeiterwohlfahrt, 2000, FR, 26. 10. 2000).

Wichtige Hinweise geben auch die Shell-Jugendstudien. Danach beurteilt die Hälfte aller Jugendlichen ihre persönliche Zukunft »eher zuversichtlich«. Gut vorbereitet fühlen sich diejenigen, die über gute Voraussetzungen (Bildung, Unterstützung durch die Eltern, klare Lebensplanung und Persönlichkeitsressourcen wie Selbstvertrauen) verfügen. Die Familie wird von den Jugendlichen als Ressource, als emotionaler Rückhalt, als Ort von Verlässlichkeit verstanden. Elterliches Zutrauen zu ihren Kindern fördert jene Persönlichkeitsressourcen, die wesentlich für eine gelingende Lebensbewältigung sind.

Bleibt die Frage, wie sich die andere Hälfte der Kinder und Jugendlichen entwickelt. Man kann davon ausgehen, dass aufgrund einer erzieherischen Vernachlässigung, die stärker in armen als in wohlhabenden Familien anzutreffen ist, das Gehirn der Kinder nicht genügend angeregt und herausgefordert und damit die Ausbildung einer psychosozialen Kompetenz beeinträchtigt wird. Die Erfahrung von emotionaler Sicherheit, die gekoppelt ist an ein gewisses Maß an materieller Sicherheit, ist in vielen Fällen beeinträchtigt und wirkt sich negativ auf die Entwicklung der kindlichen Persönlichkeit aus. Laut Armutsbericht der Bundesregierung vom 2. 3. 05 erreichen von 100 Kindern aus Familien mit niedrigem sozialen Status 11% einen akademischen Abschluss, bei Familien mit hohem sozialen Status schaffen es dagegen 81%.

Das sind insgesamt keine guten Voraussetzungen für die Persönlichkeitsentwicklung. Desinteresse der Eltern an der Entwicklung ihrer Kinder, eine kühle Atmosphäre in der Familie oder gar die Androhung und Anwendung von Gewalt haben negative Auswirkungen für die Ausbildung einer psychosozialen Kompetenz, die für die Klärung von Konflikten notwendig ist. Die »innere Leere« gibt Raum für die Ausbreitung von Wut und Hass. Ein einfaches Muster, den nicht differenziert ausgebildeten »Innenraum«, die innere Leere, nicht aushalten zu müssen, ist die Projektion dieser Gefühle auf andere – meist schwächere Menschen (siehe Abb. 7).

Kleine Kinder fühlen sich ihren Eltern gegenüber schwach. Ihre Wut und ihren Hass richten sie daher meist gegen schwächere Personen. Es kann aber auch zu autoaggressivem Verhalten kommen. Werden die Kinder größer, dann kann es sein, dass sie ihren Hass auch direkt gegen ihre Eltern richten. Diese Erkenntnis macht deutlich, wie wichtig die Beschäftigung mit der Phase der Adoleszenz ist.

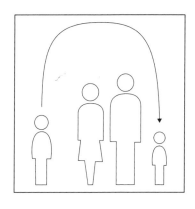

Abb. 7:
Umwandlung von Gewalt-
erfahrungen

Erfahrene Gewalt kann zu
Gewaltausübung gegen
Schwächere führen

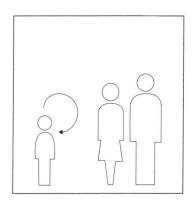

Erfahrene Gewalt kann zu
autoaggressivem Verhalten
führen

Erfahrene Gewalt kann bei
Jugendlichen zu Gewaltausübung gegen die Eltern führen

4 Kinder stützen in der Adoleszenz

Mobbingsituationen in der Zeit der Adoleszenz sind nicht selten. Sie stehen möglicherweise im Zusammenhang mit der großen Verunsicherung, in die viele Heranwachsende geraten. Ich gehe dabei von der Annahme aus, dass gerade Täterinnen oder Täter, die Mobbing inszenieren oder sich als Mittäter engagieren, dies mit der oft unbewussten Absicht tun, sich auf Kosten anderer ein Gefühl von Sicherheit zu verschaffen.

Die Adoleszenz stellt eine entscheidende Phase der Veränderung in der Entwicklung junger Menschen dar. Sie kann einerseits als eine Zeit der Verunsicherung beschrieben werden, andererseits bringt sie neue Fähigkeiten und Bewältigungsstrategien hervor. Es gibt Jugendliche, die scheinen diese Zeit ohne besondere Beunruhigungen zu durchleben, andere entwickeln in dieser Phase besondere Fähigkeiten und Begabungen und wieder andere werden plötzlich schwierig, steigen aus bisherigen Bezügen aus, werden zu »Grenzgängern der Gesellschaft oder Aussteigern« (Streeck-Fischer 2002).

Die Adoleszenz, die mit der Pubertät beginnt und in der Regel im Alter von 20 Jahren endet, stellt an die Jungendlichen unterschiedliche Aufgaben. Sie müssen mit den körperlichen Veränderungen fertig werden, sich von den Eltern lösen, neue Beziehungen zu Gleichaltrigen aufbauen und sexuelle Bedürfnisse in Beziehungen integrieren. Es geht um den Aufbau von Selbstvertrauen, die Entwicklung eines Wertesystems und schließlich um soziale und berufliche Identität.

Diese Entwicklungsprozesse gehen mit Umstrukturierungen der Persönlichkeit einher. In der Anfangsphase sind Eltern oft wegen der veränderten Verhaltensweisen ihres Kindes irritiert. Das Wir-Gefühl, das über Jahre zwischen Eltern und ihren Kindern herrschte, löst sich allmählich oder abrupt auf. Plötzlich hat das Kind Heimlichkeiten, verhält sich ruppig und provozierend. Auf dem Weg zu einer eigenständigen Identität treten die Eltern immer mehr in den Hintergrund oder sie werden auf besonders intensive Weise herausgefordert.

In der emotional-kognitiven Entwicklung finden erhebliche Veränderungsprozesse statt. Das bisherige Denken wird durch neue kognitiv-emotionale Strukturen ergänzt und erweitert. Es entsteht mehr und mehr ein eigenständiges Denken in Bezug auf das eigene Selbst und die Welt. Damit sind Verunsicherungen verbunden. Bisherige Bewältigungsformen scheinen nicht mehr auszureichen. Angst- und Schamgefühle können auftreten.

Bei vielen Jugendlichen kommt es zu großen Stimmungsschwankungen zwischen Gefühlen der Unzulänglichkeit und Selbstüberschätzung. Größenfantasien sind nicht selten. Sie haben oft die Funktion, gefühlte Unzulänglichkeiten in der Fantasie auszugleichen und somit das Selbstsystem zu stabilisieren. Diese Fantasien müssen, wenn sie ihren förderlichen Charakter behalten sollen, immer wieder mit der Realität abgeglichen werden, und die Erfahrung, dass hochgesteckte Ziele nur über individuelle Anstrengungen erreicht werden können, muss immer wieder von den begleitenden Personen einfühlsam vermittelt werden.

Der Aufbau innerer Räume, in denen die Spannung zwischen Wunsch und Wirklichkeit ausgehalten werden kann, ist eine zentrale Aufgabe der Eltern und Pädagogen. Während der Adoleszenz entscheidet es sich, welche Wege das Individuum einschlagen wird, um seine Omnipotenzfantasien umzusetzen. Erdheim (2002) spricht in diesem Zusammenhang von der Omnipotenz als einem wesentlichen Grundzug der Adoleszenz, die dem Individuum die Kraft gibt, sich der Realität entgegenzusetzen und seine Pläne zu realisieren:

»Wünsche, die dem Bereich der Omnipotenzfantasien entspringen und in denen es darum geht, mächtiger, stärker, schöner oder klüger als die anderen zu sein, treiben das Individuum zwar zu [...] besonderen Leistungen an, weisen jedoch immer auch eine besondere Nähe zur Gewalt auf.«

Brücken bauen zwischen Fantasie und Wirklichkeit

Die schon bei Kindern vorhandenen Omnipotenzgefühle bekommen während der Adoleszenz durch die psychische und körperliche Entwicklung des Individuums eine ganz andere Wucht. Es gilt daher, dem Heranwachsenden zu helfen, zwischen seinen Fantasien und der Realität Brücken zu bauen. Durch ihre wachsende körperliche Stärke lassen sich manche Jugendliche dazu verleiten, ihre Vorstellungen mit Gewalt durchzusetzen.

Es ist die Aufgabe der Eltern, Erzieher und der Gesellschaft, die Omnipotenzfantasien in realitätsbezogenes Handeln umzuformen. Wer sich z. B. als großer Klavier- oder Gitarrenspieler fantasiert, wird dies nicht mit seinen omnipotenten Gefühlen erreichen. Er muss vielmehr üben. Das trifft für alle Lernbereiche zu. Die Aufgabe der Erwachsenen besteht nicht darin, die Omnipotenzfantasien negativ zu bewerten, sondern es gilt, Hilfestellung bei ihrer Umformung in die Realität zu leisten. Das heißt dann auch, mit den Heranwachsenden die Frustrationen durchzustehen, die mit allen Lernprozessen verbunden sind.

Überall im Bereich der Freizeit – z. B. in Werbung, Film, Spitzensport, Glücks- und Ratespielen – wird vermittelt, dass man der Größte, Klügste usw. sein kann. Die Jugendlichen sind von ständigen Glücksversprechungen umgeben. Wo sie selbst die oberste Stufe des Treppchens nicht erreichen, haben sie immer noch die Möglichkeit, sich mit dem Model, dem Sportler zu identifizieren. Es ist nicht leicht, hier die Brücke zur Realität zu schlagen, die Omnipotenzfantasien scheinen vielmehr ein Mittel zu sein, die Perspektivlosigkeit zu überdecken. In diesen Zusammenhang gehören auch Grenzüberschreitungen, das Tun von Verbotenem, Tabubrüche. Die »Angst-Lust« ist z. B. auch ständiger Begleiter von U-Bahn-Surfern.

Phasen der Adoleszenz

In einer gelingenden Entwicklung kommt es zu einer immer besseren Ausbildung der Persönlichkeit mit dem entscheidenden Merkmal einer emotional-sozial-kognitiven Kompetenz. Manche Forscher gehen von verschiedenen Entwicklungsstadien aus, betonen aber gleichzeitig, dass es sich um je individuelle Prozesse handelt, die von vielen unterschiedlichen Faktoren bestimmt werden und von daher auch nie genau identisch ablaufen. Diese Entwicklungsstadien während der Adoleszenz und ihre Charakteristika können wir uns so vorstellen:

In der Voradoleszenz macht sich bei Jungen und Mädchen eine große Verunsicherung hinsichtlich ihrer sexuellen Identitätsfindung bemerkbar. Der Vorwurf, ein Junge verhalte sich wie ein Mädchen, wird als Kränkung im Prozess der sexuellen Identitätsfindung wahrgenommen. Jungen grenzen sich daher deutlich von den Mädchen ab. Außenstehende nehmen ein solches Verhalten oft als »mädchenfeindlich« wahr. Dieses Verhalten ist zwar gegen Mädchen gerichtet, dient aber primär der inneren Stabilisierung. Es können allerdings auch Demütigungen damit verbunden sein. Diese müssen thematisiert werden, dann verlieren sie ihre destruktiven Anteile. Im Extremfall können diese inneren Stabilisierungsversuche auch Mobbing auslösen. Genau das gilt es zu verhindern. Ein Junge muss sich auf seinem Weg zum Mann deutlich von der Nähe zur Mutter lösen. Seine Abgrenzungsversuche richten sich gegen die Mutter und stellvertretend auch gegen die Mädchen. Der Prozess der sexuellen Identitätsfindung gestaltet sich dann einfacher, wenn ein Vater als Identifikationsfigur zur Verfügung steht (Gebauer 2003b).

Für Mädchen scheint dieser Prozess an einem wichtigen Punkt nicht so dramatisch zu verlaufen: Sie müssen sich nicht wie die Jungen vom weiblichen Geschlecht entidentifizieren. Dennoch ist auch für sie eine Abgrenzung von der Mutter für die eigene sexuelle Identitätsentwicklung notwendig. Dieser Schritt ist nicht leicht. Das oft jungenhafte Verhalten der Mädchen während der Anfangsphase der Adoleszenz gibt ihnen die Chance, von sexuellen Entwicklungen abzulenken, und gleicht daher einem Versteckspiel. Aber noch gelten während dieser Phase die ursprünglichen Beziehungskonstellationen zwischen Eltern und Kind.

In der Phase der Frühadoleszenz beginnt der innere Trennungsprozess von den wesentlichen Beziehungspersonen. Es kommt zu starken Gefühlsschwankungen. Einsamkeit, Verstimmung, Angst, innere Leere, Aufruhr lösen einander ab. Schwärmereien für und Idealisierung von Gleichaltrigen gehören zum Lebensgefühl. Das Selbstwertgefühl, vor allem bezogen auf das »Körperselbst«, gewinnt an Bedeutung.

In der Phase der mittleren Adoleszenz verlieren die Eltern zunehmend an Bedeutung. Aufgrund der bisheriger Erfahrungen haben sich die Eltern in der Vorstellungswelt der Kinder als so genannte »innere Bilder« etabliert. Diese innere Welt gerät ins Wanken. Es kommt zur Entidealisierung der Eltern. Oft gehen damit tiefe Erschütterungen im Gefühlsleben einher; Größenempfindungen machen Nichtigkeitsgefühlen Platz; Allmachtsvorstellungen dienen oft als Schutz vor Enttäuschungen; die Orientierung an Gleichaltrigen gewinnt an Bedeutung.

In der Spätadoleszenz kommt zu einer stärkeren inneren Konsolidierung. Die Bindung an die Eltern lockert sich weiter, gleichzeitig kommt es zu einer stärkeren Verankerung in der Gleichaltrigengruppe. Die Überbewertung der eigenen Person nimmt ab. Die Fähigkeit, Kompromisse zu schließen, wird erweitert. Oft beginnt nun auch eine Neustrukturierung der Beziehung zu den Eltern. Durch den Einstieg in den Beruf oder in das Studium findet mehr und mehr eine Auseinandersetzung mit der Wirklichkeit statt. Illusionäre Fantasmen weichen stärker einer konkreten Bewältigung von Problemen (Bürgin 2002).

Während der Adoleszenz spielen Gefühle eine entscheidende Rolle. Für eine erfolgreiche Arbeit mit Heranwachsenden ist daher die Beachtung der Emotionen bzw. das Zusammenspiel von Emotion und Kognition von Bedeutung.

Um emotionale Kompetenz entwickeln zu können, sind Menschen auf Beziehungen angewiesen, die Sicherheit bieten, denn emotionale Sicherheit gibt es nur über Beziehungssicherheit. Während der Adoleszenz sind Eltern und Lehrer in besondere Weise gefordert, denn es kommt nun zu Umbauprozessen innerhalb der Beziehungen. In Erziehungsprozessen – besonders während der Phase der Adoleszenz – geht es also um den Aufbau eines Netzes von verlässlichen, sensiblen zwischenmenschlichen Beziehungen. Mobbing stellt diese Verlässlichkeit aufs Äußerste in Frage.

Adoleszenz und Gewalt

Die Gleichaltrigengruppe bekommt in der Adoleszenz eine besondere Bedeutung. Sie stellt gleichsam einen eigenen Raum zwischen Familie und Gesellschaft dar, in denen die Heranwachsenden sich entwickeln können. Gleichaltrige Freunde können durch ihre Anteilnahme das Gefühl von Vertrauen vermitteln und damit Funktionen übernehmen, die vormals die Eltern ausübten. So können sie zum Erhalt und zur Stärkung des Selbstbewusstseins beitragen.

Schädigenden und entwicklungshemmenden Charakter haben Gruppen, in denen Gewalt verherrlicht wird, Drogen genommen oder okkulte Praktiken gepflegt werden. Sie führen zu einem Abbau von selbstverantwortlichem Verhalten und unterstützen den Rückzug in Traumwelten. Oft versperren sie dem Jugendlichen Erziehung und Reifung und können nicht als förderlicher Raum angesehen werden. Drogen, Alkohol und Kriminalität können die Weiterentwicklung nachhaltig stören oder zerstören.

Die Bedeutung, die Gewalt in der Phase der Adoleszenz einnimmt, darf nicht unterschätzt werden. Körperliche Veränderungen lassen den Einsatz von Gewalt zu. Wer über Gewalt verfügt, ist auf das Einverständnis von anderen nicht angewiesen. Perspektivlosigkeit von Jugendlichen ist oft mit entscheidend für den Ausbruch von Gewalt, wie wir sie heute zur Genüge z. B. in Schulen erleben. Aber es gibt noch viele andere Faktoren. Wir müssen sicherlich mit berücksichtigen, dass eine große Zahl von Jugendlichen, die Gewalt ausüben, dies u. a. deswegen tut, weil sie keine Fähigkeiten zur Selbstwahrnehmung und Empathie entwickelt haben. Die eigene innere Leere wird oft nicht ausgehalten. Ein ausgewähltes Opfer wird zur Projektionsfläche all dessen, was im eigenen Inneren diffus als Unvermögen oder Schwäche erlebt wird und kognitiv nicht zugänglich ist. In diesem Zusammenhang ist auf Mobbingprozesse zu achten.

Damit Mobbing stattfinden kann, bedarf es spezifischer Interaktionen im sozialen Kontext. Diese Interaktionen werden im wesentlichen durch emotionale »Botenstoffe« wie Angst, Macht, Ohnmacht und Scham bestimmt. Lehrkräfte können dann Mobbingsituationen erfolgreich mit den betroffenen Schülerinnen und Schülern bearbeiten, wenn sie deren Gefühle in die Arbeit einbeziehen.

Prävention erscheint einzig und allein möglich über den Aufbau innerer Wertvorstellungen. Diese Arbeit beginnt in den Familien und muss in den Kindergärten und Schulen fortgesetzt werden. Wenn Konflikte angemessen in Klärungsgesprächen bearbeitet werden, liegt hier ein großes Potenzial für den Erwerb psychosozialer Kompetenz. Aus der Arbeit mit Kindern in Konfliktsituationen unterschiedlichster Art weiß ich, dass es sich lohnt, konstruktiv an Gewaltsituationen zu arbeiten. Bei Gewalttätern ist das Selbstbewusstsein äußerst schwach ausgebildet, die Frustrationstoleranz sehr gering, und es gibt kaum Muster für alternative Lösungen in Konflikten. Es könnte daher sinnvoll sein, wenn in der familiären und der institutionellen Erziehung im Kindergarten und der Schule Konzepte entwickelt würden, deren Hauptziel darin besteht, das Selbstbewusstsein der Kinder zu stärken und die Ausbildung ihrer sozialen Fähigkeiten zu fördern. Und das bedeutet Beachtung der Emotionen – gerade auch während der Adoleszenz. Da sich die Kinder während dieser Phase mehr und mehr von ihren Eltern lösen, kommt der Gleichaltrigengruppe und den Lehrerinnen und Lehrern eine besondere Bedeutung zu.

Ein kompetenter Umgang mit Schülerinnen und Schülern in der Adoleszenz weist folgende Merkmale auf:

- Vergewisserung eigener Adoleszenz-Erfahrungen,
- Gelassenheit,
- bei sich selbst bleiben als Schutz vor Verstrickung,
- Toleranz für den starken emotionalen Wechsel,
- höchst mögliche Empathie – keine Anbiederung,
- auch unter Belastungen Humor bewahren,
- Angriffe, Entwertungen oder Idealisierungen interpretieren können,
- schwierige Situationen im Team erörtern,
- Verständnis dafür entwickeln, dass unangemessenes Verhalten (z. B. Überheblichkeit) oft nur andere Grundhaltungen überdeckt.

Angesichts der sehr komplexen Entwicklungsprozesse während der Adoleszenz ist es für die pädagogische Arbeit von zentraler Bedeutung, dass die Lehrkräfte die einzelnen Erscheinungsformen jugendlichen Verhaltens richtig deuten, um angemessen handeln zu können. Denn oft ist Mobbing nur schwer von alterstypischen Verhaltensweisen zu unterscheiden. Nicht das einzelne Verhalten eines Schülers oder einer Schülergruppe gibt Aufschluss darüber, ob es sich um Mobbing handelt, sondern nur die Analyse aller Faktoren, die bei Mobbing eine Rolle spielen. Es ist nicht nur auf die äußeren Signale zu achten, sondern es sind die Muster zur berücksichtigen, nach denen Mobbingprozesse ablaufen. Entscheidend ist, ob Lehrkräfte die Signale ihrer Schülerinnen und Schüler wahrnehmen, sich um Interpretation bemühen, sich aktiv einschalten und sich Zeit für Klärungsprozesse nehmen.

Im Folgenden soll zunächst an einem Beispiel deutlich werden, was passieren kann, wenn sich Lehrerinnen und Lehrer nicht kümmern, obwohl die Signale einer Schülerin nicht zu übersehen waren. In einem weiteren Beispiel wird deutlich, wie professionelles Handeln von Lehrkräften aussieht.

»Ich nehme mir das Leben« – wenn Mobbing sehr gefährlich wird

Die Adoleszenz kann eine gefährliche Zeit sein. Am Beispiel eines jungen Mädchens, das seiner Mutter gegenüber äußerte: »Ich nehme mir das Leben«, sollen die möglichen Gefahren dieser Entwicklungsphase ausgeleuchtet werden. Die Mutter erzählt:

> »Meine Tochter Steffi ist heute 18 Jahre alt. In der 5. Klasse wurde sie gemobbt. Während ihrer Grundschulzeit war sie ein eher zurückhaltendes Mädchen; sie konnte aber auch

sehr wild sein. Nachdem sie in die 5. Klasse gekommen war, klagte sie über Bauchschmerzen; nachts wachte sie oft auf und schrie dann laut. Das kannten wir von ihr aus der frühen Kindheit oder auch aus Umbruchsituationen. Während der Schulzeit kam es immer öfter vor, dass ich sie abholen musste, weil sie über Kopf- oder Bauchschmerzen klagte. Die Ärzte konnten keine Ursache finden.

An ihrem 11. Geburtstag hatte sie von ihren Großeltern Geld bekommen. An diesem Tag kam ihre Mitschülerin Martina und forderte von unserer Tochter 30 DM. Steffi gab ihr das Geld. Eigentlich hätte ich stutzig werden müssen. Aber Martina hatte sich schon oft von Steffi Sachen ausgeliehen, deswegen haben wir uns wahrscheinlich nichts dabei gedacht.

Martina war mir unsympathisch. Man konnte bei ihr keine Emotionen wahrnehmen. Aber ich habe meine Tochter von dem Mädchen nicht los bekommen. Steffi erklärte mir das so: ›Wenn ich nicht Martinas Freundin sein will, dann bin ich ihre Feindin.‹ Wenig später kam es zu einem starken Leistungsabfall in allen Fächern. Aufgeschreckt bin ich, als sie mich bei meiner Arbeitsstelle anrief und mir mitteilte: ›Ich gehe nicht mehr zur Schule. Ich nehme mir das Leben.‹

Ich bin sofort in die Schule gegangen. Die Lehrerin hat Martina zum Gespräch geholt. Die hat dann alles erzählt, was sie mit Steffi gemacht haben. Da waren auch noch andere daran beteiligt. Sie haben sie jeden Tag gehänselt, z. B. auch in den Pullover geguckt. Steffi hatte Akne. Diesen körperlichen Makel haben sie dann ausgenutzt, um Steffi immer wieder zu beschämen und zu demütigen. Steffi hat sich dann geschminkt, um perfekt auszusehen. Als Martina erzählte, was sie sonst noch alles gemacht haben, da habe ich einen solchen Hass entwickelt, ich hätte sie verprügeln können. Steffi wurde auch geschlagen und hat sich nicht gewehrt. An der Bushaltestelle ist Steffi z. B. von Mitschülern mit einem Messer bedroht worden.

Steffi wollte nicht mehr in der Klasse bleiben. Sie ist dann in eine Integrationsklasse gegangen. ›Ich bin auch behindert, Mama‹, hat sie gesagt.

Zwei Jahre später wurde sie selbst zur Mobberin. Die Lehrer fanden Briefe, in denen meine Tochter und ihre Freundin einem Mitschüler mit Mord drohten. ›Wir hassen den Jungen wie die Pest, aber das war nur in unserer Fantasie, das war keine Realität‹, hat Steffi gesagt. In einer therapeutischen Behandlung konnte das aufgearbeitet werden.

Klassenlehrerin und auch Fachlehrer wussten damit nicht umzugehen. Sie halfen uns nicht bei unserem Problem, weil sie es selbst nicht verstanden. Steffi sollte wegen der Morddrohung von der Schule verwiesen werden.

Damals war sie 15, verletzte sich auch selbst, um auf ihr Problem aufmerksam zu machen. An den Unterarmen und an den Beinen ritzte sie sich. Manchmal hatte Steffi ihre Sachen nicht vollständig dabei. Dann musste sie z. B. nach Hause gehen, um ihre Bleistifte zu holen. Das empfand sie als Demütigung. Nun schwänzte Steffi die Schule.

Während des Schuleschwänzens hielt sie sich im Bahnhof auf, weil es dort warm war. Sie testete ihre Grenzen aus, hat sich in dieser Zeit ohne unsere Einwilligung piercen lassen. Der Vater sieht das als nicht so problematisch an. Er hat sich überhaupt aus der Erziehung herausgehalten.

Steffi war ein kluges Mädchen. Nun schaffte sie nicht einmal den Hauptschulabschluss. Sie hat dann die Chance bekommen, eine berufsbildende Schule zu besuchen. Dort gehört sie seit anderthalb Jahren zu den besten Schülerinnen.

Eine Therapie hat ihr geholfen. Kürzlich sagte sie zu mir: ›Was glaubst du, wie viel Kraft es mich gekostet hat, in allen Fächern schlechte Noten zu schreiben! Wenn ich das nicht gemacht hätte, hättest du mich nicht von der Schule genommen.‹ Wir hatten ihre Situation nicht erkannt.

Es kam dann noch eine sehr schwierige Phase. Sie ging in die Disco, trank Alkohol, schloss sich einer Clique an. Einmal habe ich sie betrunken auf einem Platz vor dem Einkaufszentrum angetroffen. Da habe ich sie vor mir her nach Hause geschoben. Ihre Kumpels haben die Polizei gerufen und gesagt, ich würde meine Tochter misshandeln. Zum Glück hat sie diese Zeit überwunden. Die Selbstverletzungen haben aufgehört. Allerdings schminkt sie sich heute extrem.

Dass sie so viele Probleme hatte, hat auch mit uns zu tun. Als kleines Kind hing Steffi immer an meinen Beinen. Wir haben nicht gemerkt, dass sie sich zu eng an mich gebunden hatte und umgekehrt ich mich auch an sie. Im Zusammenhang mit der Therapie unserer Tochter haben mein Mann und ich gelernt, Grenzen zu setzen. Steffi hat dann zwar zunächst rebelliert, sich schließlich aber mehr und mehr an die Absprachen gehalten.

Heute hat sie eine Freundin, mit der sie auch in die Disco geht. In der Schule kommt sie gut klar. Wir hoffen, dass alles gut wird.«

Steffi wird von einer Mitschülerin gemobbt. Diese hat Unterstützung durch Mitschülerinnen. Aus Steffis Perspektive scheint es keine Alternative zu geben. Wie auch schon der Ausspruch der Mobberin zeigt: »Freundin oder Feindin«. Steffi hat gar keine Wahl. Sie ist Opfer und hat das zu tun, was die Mobberin von ihr verlangt. Es handelt sich um ein reines Machtspiel. Der Begriff »Freundin« gaukelt lediglich vor, es handle sich um eine freie Willensentscheidung des Opfers. Die Mobberin bindet ihr Opfer über ständige Demütigungen an sich. Für das Opfer gibt es kein Entrinnen. Der deutliche Leis-

105

tungsabfall der ehemals guten Schülerin hätte ein Alarmsignal für Eltern und Lehrkräfte sein können und zu einem – von Zuwendung und Interesse getragenen – Nachfragen und Erörtern führen müssen. Da dies nicht geschieht, kann die Täterin immer dreister werden, denn niemand von den verantwortlichen Personen (Lehrer, Eltern) durchschaut das böse Spiel.

Das Opfer sendet weitere Signale: Oft hat Steffi die erforderlichen Schulsachen nicht dabei, bleibt von der Schule weg und schwänzt diese kontinuierlich, hält sich am Bahnhof auf. In dieser Phase wird sie an einer Bushaltestelle von einem Mitschüler mit dem Messer bedroht. Zur selben Zeit fügt sie sich an Armen und Beinen Selbstverletzungen zu. In ihren Leistungen fällt sie weiter ab. Diesen Leistungsabfall, so sagt sie später, habe sie selbst herbeigeführt, um diese Schule nicht mehr besuchen zu müssen. Sie schafft dann auch nicht den Hauptschulabschluss. In dieser Phase wird sie selbst zur Täterin, droht einem Mitschüler mit Mord. Damit gerät sie in einen Teufelskreis.

Dieser Wechsel vom Opfer zur Täterin ist oft schwer nachzuvollziehen. Wie kann ein Mädchen, das selbst so schlimme Erfahrungen gemacht hat, einem Mitschüler ähnliches Leid androhen? Bauer (2005, S. 113ff.) geht davon aus, dass ein systematischer sozialer Ausschluss zu chronisch biologischem Stress führt, der zu einem Krankheitsbild mit einem »Selbstzerstörungsprogramm« führt. So kann man sich im geschilderten Beispiel das Ritzen und die geäußerte Selbsttötungsabsicht erklären. »Das ›Programm‹ einer Gewalttat hat die Botschaft: Du bist nichts wert, ich kann dich behandeln wie eine wertlose Sache, man darf und sollte dich zerstören.« Bauer geht noch einen Schritt weiter, wenn er feststellt:

»Im Verlauf einer Überwältigungstat geht das Handlungsprogramm des Täters [...] auf das Opfer über. Dieser Vorgang läuft komplett unbewusst ab. Auch seine Folgen sind unwillkürlich und dem Bewusstsein entzogen [...].«

Im konkreten Fall war Steffi lange Zeit das Opfer. Gleichzeitig hat sie in ihrer Ohnmacht erlebt, dass es andere Schüler gab, die Macht über sie hatten. Ihre Situation war durch Angst und Ausweglosigkeit gekennzeichnet. Manfred Spitzer erläutert dazu: »Wer unter dauernder Angst lebt, der wird sich leicht in seiner Situation ›festfahren‹, ›verrennen‹, der ist eingeengt und kommt aus seinem gedanklichen Käfig nicht heraus.« (Spitzer 2003, S. 164)

Wenn ein Opfer zu einem späteren Zeitpunkt selbst in die Rolle des Täters schlüpft, hat das wahrscheinlich auch mit dieser verengten Handlungsmöglichkeit zu tun. Man kann von einer unangemessenen Form der Verarbeitung sprechen. »Die jeweiligen Empfindungen, Gefühle und Kognitionen können nicht miteinander verbunden werden; sie sind in Fragmente dissoziiert.« (Streeck-Fischer 2004, S. 27)

Die Übernahme der Täterrolle ergibt sich nicht zwangsläufig. Solche Entwicklungen sind vor allem dann möglich, wenn dem Opfer keinerlei Empathie und Hilfe von Dritten entgegengebracht wird. Wird hingegen über die Ereignisse gesprochen und werden die Gefühle beachtet, kann können die Handlungsstrukturen erkannt und reflektiert werden. Auf diese Weise kann ein anderes Verhalten gelernt werden.

Im kommunikativen Prozess wird das Handeln und Erleben des Täters ebenso thematisiert wie das Erleben des Opfers. In der Bearbeitung des emotionalen Erlebens liegt die Chance, den Gesamtzusammenhang zu erkennen und neue Strukturen für erfolgreiches Handeln zu entwickeln. Das setzt voraus, dass die Lehrkräfte ihren Schülerinnen und Schülern eine vertrauensvolle Beziehung anbieten. Leider haben im konkreten Fall die Lehrerinnen und Lehrer nichts für eine konstruktive Bearbeitung der Situation unternommen.

Steffi gefährdet durch ihr Verhalten die weitere Schullaufbahn. Es droht ein Schulverweis. Verständnis für ihr Verhalten scheint mit einer Ausnahme niemand zu haben: ihre Mutter ist auf ihrer Seite und kämpft erfolgreich für sie. Als Steffi in dieser schwierigen Zeit in eine Clique gerät und Alkohol trinkt, ist ein Punkt erreicht, der von der Mutter nicht mehr hingenommen wird. Sie kümmert sich um ein Therapie für ihre Tochter, sorgt auch dafür, dass ein Schulwechsel möglich wird. Steffi ist danach wieder leistungsfähig.

Ich gehe davon aus, dass die Ursachen für Steffis Entwicklung in der zu engen Bindung zur Mutter – bei gleichzeitigem Desinteresse des Vaters – zu finden sind. Diese Konstellation beeinträchtigte Steffis Selbstentwicklung. Als sie in eine Mobbingsituation gerät, werden ihre Signale weder von den Lehrkräften noch von den Eltern verstanden. Es ist dem Engagement ihrer Mutter zu verdanken, dass sich für Steffi eine neue Perspektive eröffnete.

Das folgende Beispiel zeigt, welche Möglichkeiten Lehrerinnen und Lehrer haben, kompetent einzugreifen und Mobbingsituationen zu beenden.

»Lasst uns drüber reden!« – wenn Lehrer kompetent handeln

Nicole besucht seit einem halben Jahr die 9. Klasse eines Gymnasiums. Sie musste die Schule wechseln, weil sie permanent von Mitschüler gehänselt und beleidigt wurde. Die Schulleitung hatte die Ursachen in Nicoles Verhalten gesehen und den Eltern einen Schulwechsel für ihre Tochter nahe gelegt.

Auch in der neuen Schule wird Nicole schon nach einigen Wochen Opfer von Demütigungen. Ihre Klassenlehrerin bemerkt, dass sich Nicole immer weniger am Unterricht beteiligt. Auch bei Gruppenarbeiten macht sie kaum mit. Sie wirkt traurig und antriebsarm. Erst als nach Wochen ein Brief auftaucht, über den getuschelt wird, fordert die Lehrerin Aufklärung. Es stellt sich heraus, dass eines Morgens auf Nicoles Platz ein Brief lag. Sein Inhalt: »Keiner kann dich leiden. Wir wollen dich nicht bei uns haben. Hau ab!« Es wurde getuschelt, wer den Brief geschrieben haben könnte. Die Lehrerin vermutete, dass es ein Mädchen gewesen sein könnte, und sprach daher zunächst mit den Mädchen. Sie seien es nicht gewesen, beteuerten sie und fügten hinzu, es sei nicht einfach mit Nicole. Man würde sie nicht so richtig kennen. Sie würde auch nichts von sich erzählen. Sie sei manchmal so merkwürdig und würde sich immer wieder zurückziehen.

Da die Situation in der Klasse immer unruhiger wird, lädt die Klassenlehrerin zu einem Elternabend ein. Es wird über allgemeine Verhaltensweisen der Schülerinnen und Schüler gesprochen, Regeln des Umgangs miteinander werden erörtert. Dabei wird auch darauf hingewiesen, dass ein Mädchen ständig gehänselt und gedemütigt würde. Nicoles Eltern sind nicht anwesend. Viele der anwesenden Eltern fordern von den Lehrkräften, dass sie auf ihre Klärungsbemühungen nicht zu viel Zeit verwenden sollten, denn diese Zeit ginge schließlich ihren Kindern verloren und es seien dadurch Nachteile in ihrer Lernentwicklung zu befürchten.

Die Lehrkräfte entschließen sich zu einem Gespräch mit den Jungen. Dabei wird deutlich, dass sie Nicole nicht leiden können. Einige ihrer Äußerungen machen das deutlich: »Sie verhält sich so komisch.« »Von der kommt nichts.« »Es gibt noch zwei andere Schüler, die sind auch neu in der Klasse, aber mit denen kann man reden.« »Wir reden auch mit den Neuen, daran kann man sehen, dass es nicht an uns liegt, sondern an Nicole.« »Es wäre das Beste für alle, wenn sie die Klasse wieder verlassen würde.« Auch in diesem Gespräch ist nicht zu erfahren, wer den Brief geschrieben hat. Es wird aber gemunkelt, es seien zwei Jungen gewesen.

Nicole ist an den Gesprächen beteiligt. Sie werden von der Klassenlehrerin geleitet. Es sind auch eine Sozialpädagogin und ein Mediator anwesend. Die Schulleitung, die informiert wurde, misst den Gesprächen große Bedeutung bei und sorgt dafür, dass für die am Gespräch beteiligten Lehrkräfte Vertretungsunterricht erteilt wird. Nach dem zweiten Gespräch wird Nicole gebeten, zu Hause in Ruhe aufzuschreiben, wie es ihr in der Klasse gehe, wodurch sie sich belästigt fühle und welche Wünsche sie an ihre Mitschülerinnen und Mitschüler habe.

Am nächsten Tag bringt Nicole diesen Brief mit. Es kommt zu einem weiteren Gespräch, an dem alle Schülerinnen und Schüler der Klasse, die Klassenlehrerin, die Sozialpädagogin und auch der Mediator teilnehmen. Nicole traut sich nicht, den Brief vorzulesen, und bittet ihre Lehrerin, das für sie zu tun. Manche Schülerinnen und Schüler finden das merkwürdig und albern. Es wird aber schnell still als die Klassenlehrerin liest:

»An die Schülerinnen und Schüler der Klasse 9 f!

Mir geht es nicht gut. Ich fühle mich allein. Zu Hause habe ich niemand, der mich unterstützt. Mit meinen Eltern kann ich nicht reden. Mein Vater nennt mich ›blöde Kuh‹, manchmal sagt er auch zu mir ›alte Ziege‹. Ich habe noch eine ältere Schwester und zwei jüngere Brüder. Um die beiden Kleinen muss ich mich kümmern, wenn meine Mutter nicht da ist.

Auch in meiner alten Schule hatte ich Probleme. Ich bin jeden Tag geärgert worden. Zuerst hatte ich noch eine Freundin, aber dann hat die mich auch verlassen und bei den anderen mitgemacht. Ich war da ziemlich alleine und hier bin ich es auch.

Warum lasst ihr mich nicht einfach bei den Gruppenarbeiten mitmachen? Warum grüßt ihr mich nicht? Lasst mich doch bitte einfach in Ruhe. Ich habe noch eine große

Bitte, erzählt nicht meinen Eltern, dass ich diesen Brief geschrieben habe.«

Nach dem Vorlesen des Briefes herrscht Stille und Betroffenheit. Ein Mädchen äußert: »Jetzt weiß ich, wie es ihr geht, aber komisch ist sie doch.« Nach einer Weile des Schweigens meldet sich ein Schüler zu Wort: »Dass es ihr so geht, das hat nichts mit mir zu tun. Das ist allein ihre Sache. Ich bin auch einmal gemobbt worden. Da muss sie alleine mit fertig werden.« Ein Mädchen entgegnet: »Ich finde das sehr mutig von Nicole, dass sie das geschrieben hat. Ich weiß zwar keine Lösung, aber mutig finde ich es.« Die Lehrkräfte reflektieren im anschließenden Teamgespräch den bisherigen Verlauf. Sie sind von Nicoles Brief sehr beeindruckt, sehen darin eine Stärke, die sie weiter unterstützen wollen. Gleichzeitig wollen sie den oder die Briefschreiber bitten, sich nicht hinter einem anonymen Brief zu verbergen. Sie wollen sich für Offenheit in der Auseinandersetzung stark machen.

Der Klärungsprozess ist noch nicht abgeschlossen, aber es lassen sich doch wichtige Elemente erkennen:

Eine achtsame Lehrerin beobachtet Veränderungen im Verhalten einer Schülerin. Als sich der Verdacht auf Mobbing erhärtet, bittet sie andere Lehrkräfte um Unterstützung. Gemeinsam sprechen sie die Problematik offen in der Klasse und bei einem Elternabend an. Unterstützung erfahren sie von der Schulleitung. Sie lassen sich nicht von der Meinung einiger Eltern, nicht zu viel Zeit für diese Klärung zu verschwenden, beirren. In ihrer Reflexion kommen sie zu dem Ergebnis, dass es für den pädagogischen Prozess wichtig ist, wenn sich die Schüler, die den Brief geschrieben haben, offenbaren. Damit würde die Chance eröffnet, die realen Vorkommnisse und die subjektive Ablehnung miteinander zu diskutieren. Nicole könnte wahrnehmen, dass die Lehrerinnen und Lehrer Interesse an der Klärung ihres Problems haben.

Der Klärungsprozess beginnt: Nicole kann erleben, dass ihre Mitteilungen eine Wirkung auf ihre Mitschülerinnen und Mitschüler hatten. Wünsche werden geäußert. Sie werden von allen gehört. Der weitere Verlauf ist offen, aber es besteht bei einer solchen Art der Kommunikation Hoffung für eine Entwicklung, bei der alle Schülerinnen und Schüler erfahren können, dass bei offener Ansprache ein Mobbingproblem gelöst werden kann. Deutlich wird auch, dass eine pädagogische Konzeption, bei der Lehrkräfte und Schulleitung dem Problem Mobbing Bedeutung beimessen, eine große Chance für betroffene Schülerinnen und Schülern darstellt. Insofern stellt Mobbing eine Herausforderung an die pädagogische Konzeption jeder Schule dar.

5

Mobbing als Herausforderung für die Pädagogik

Zur Situation des schulischen Lernens

Die Ergebnisse der ersten PISA-Studien (Deutsches PISA-Konsortium 2001) und nachfolgender Studien haben in der Öffentlichkeit zu einer lebhaften Diskussion geführt. Gleichzeitig ist es zu einer gefährlichen Verengung der Sicht auf die Probleme gekommen. Eine Analyse der Ursachen der deutschen Bildungsmisere hat nicht oder nur am Rande stattgefunden. Vorschnell sind bildungspolitische Entscheidungen getroffen worden, die vor dem Hintergrund der Ergebnisse verschiedener interdisziplinärer Studien nicht nachvollziehbar sind (Gebauer 2005). Insgesamt wurde die kognitive Entwicklung der Kinder einseitig betont. Nicht die Ursachen von individuellen Lernproblemen stehen im Fokus des Interesses, sondern die Leistungserfolge in den einzelnen Fächern. Das Zauberwort einer außenorientierten Bildungspolitik heißt: Leistungstest. Der einzelne Schüler und auch die Institution Schule werden einem permanenten Erwartungsdruck ausgesetzt, ohne dass die Rahmenbedingungen, die einer gesunden kindlichen Entwicklung dienlich sind, positiv verändert werden, und zwar gerade auch die Rahmenbedingungen der Arbeit im Kindergarten und in der Schule. Statt die Bedingungen für individuelle und differenzierende Unterrichts- und Lernmöglichkeiten zu verbessern, wird permanent der Erwartungshorizont in Bezug auf die Leistungen der einzelnen Schüler und auch der Institutionen Kindergaren und Schule erhöht.

Übersteigen die Anforderungen und Erwartungen einer Gesellschaft die Leistungsfähigkeit der Schülerinnen und Schüler, kann sich das negativ auf die freie Entfaltung ihrer Motivation und ihres gesamten Lernvermögens auswirken: Druck, der auf und durch die Institution Schule ausgeübt wird, kann sich in auffälligen Verhaltensweisen der Schüler zeigen. Neben Lernstörungen unterschiedlichster Art kann es zu Auffälligkeiten im Sozialverhalten kommen. Mobbing kann daher auch als eine Reaktionsform angesehen werden, mit unangenehmen Erlebnissen im Leistungsbereich besser fertig zu werden. Manche Schüler, die sich der Situation nicht gewachsen fühlen, reagieren vor dem Hintergrund ihrer individuellen Erfahrungen nun mit einem Verarbeitungsmuster, das ihnen ein Gefühl von Sicherheit und Stärke vermittelt. Sie versuchen, ihre Ohnmachtsgefühle, die auch auf geringe Lernerfolge zurückgeführt werden können, durch Demütigung anderer Schüler in ein Gefühl von Sicherheit und Macht umzuwandeln. Ein böser Trugschluss. Mobbing ist daher nicht nur ein individuelles und soziales, sondern auch ein gesellschaftspolitisches Problem.

Man wird abwarten müssen, wie sich die unzähligen bildungspolitischen Aktivitäten, die inzwischen in Bildungsstandards und Erlassen ihren Niederschlag gefunden haben, auswirken werden. Psychosoziale Kompetenz, d. h. die Bereitschaft und Fähigkeit, die eigene Befindlichkeit und das Lebensgefühl der in Bildungseinrichtungen tätigen Menschen wahrzunehmen und zu beachten. ist heute noch längst nicht als grundlegendes Lernziel in Bildungseinrichtungen realisiert.

Natürlich kann auch unter Druck und Angst gelernt werden. Das scheinen einige der in der PISA-Studie erfolgreichen Länder zu bestätigen. Aber es werden in diesen Fällen auch Angst und Druck mitgelernt.

Mit großem Interesse richtet sich daher der Blick auf Schulen, die als Modelle der Zukunft bezeichnet werden dürfen (Gebauer 2005). In diesem Zusammenhang ist auch der Film von Reinhard Kahl *Treibhäuser der Zukunft* und die damit verbundene Initiative *Ein neues Bündnis für die Bildung* (Kahl

2005) zu erwähnen. Erfolgreiches Lernen gibt es immer nur in emotional bedeutsamen Zusammenhängen. Der Film zeigt, mit welcher Begeisterung Schüler bei der Sache sein können. Ihre Begeisterung wird mitgelernt und in ihrem neuronalen Netz verankert. Genau das sollte unser Anliegen sein.

Die größten Erfolge in der Schule, im Kindergarten und in der Familie sind offensichtlich dort zu erreichen, wo Erwachsene eine Atmosphäre des Vertrauens schaffen und durch vielfältige Anregungen und Herausforderungen den Heranwachsenden die Chance zu selbstständigem Lernen eröffnen. Auf diese Weise erfahren sie ihre Selbstwirksamkeit, und so erfolgt der Aufbau einer inneren (intrinsischen) Motivation. Ergebnisse der Schulentwicklungsforschung verweisen darauf, dass die Atmosphäre im Klassenzimmer und das pädagogische Beziehungsangebot der Lehrkräfte entscheidend für die Lernentwicklung der Schülerinnen und Schüler sind (Jürgens/ Standop 2004).

Emotionale Kompetenz als Ziel von Bildung

Voraussetzung für das Gelingen von Bildung ist neben der Kompetenz in inhaltlichen und methodischen Fragen eine grundlegende emotionale Kompetenz. Maria von Salisch (2002) sieht die Ursache vieler Probleme der Gegenwart in einem Mangel an emotionaler Kompetenz. Emotional kompetente Menschen hingegen können so mit ihren Gefühlen umgehen, dass sie sich weder überfordern noch mit psychoaktiven Substanzen betäuben müssen. Sie zeichnen sich aus durch ein hohes Maß an Empathie und durch die Fähigkeit, ihre Affekte zu beherrschen. Sie können auch angemessen mit aggressiven Impulsen umgehen.

Zusammen mit meinen Kolleginnen und Kollegen habe ich versucht, eine pädagogische Konzeption zu entwickeln, die die

115

Vermittlung emotionale Kompetenz zum Ziel hat. Ein Schwerpunkt dieses Ansatzes ist, den Schülerinnen und Schülern immer wieder die Möglichkeit zu geben, selbstwirksam an Problemen zu arbeiten (Gebauer 1996, 2000a, 2003a). Wir überprüften alle Arbeits- und Handlungsfelder darauf, ob und in welcher Weise sie zur Förderung einer emotionalen Kompetenz beitragen.

Im Rahmen dieser Konzeption wollten wir genauer als bisher auf unsere eigene emotionale Befindlichkeit und auf unsere Empathiefähigkeit gegenüber Kolleginnen/Kollegen und Schülerinnen/Schülern achten. Wir strebten befriedigende zwischenmenschliche Beziehungen an und nahmen uns vor, konstruktiv mit belastenden Gefühlen umzugehen. Eine relativ einfache Möglichkeit, die eigene Gefühlslage festzustellen, besteht z. B. darin, belastende Situationen zu erinnern und dabei besonders auf die dabei wirksam werdenden Gefühle zu achten, sie zu benennen und zu bearbeiten Gebauer (2000b, S. 165 ff.).

Als Ziel unserer Arbeit kristallisierte sich mehr und mehr heraus, dass es in der Schule darum gehen müsse, sowohl für die Schülerinnen und Schüler als auch für die Lehrkräfte Voraussetzungen zu schaffen, mit denen eine emotionale Sicherheit erreicht werden kann. Diese gibt es nur über eine Beziehungssicherheit. Nach Carolyn Saarni (2002) haben Gefühle ihre Wurzeln im sozialen Diskurs und in früheren Beziehungen. Wir überprüften, ob unsere vielfältigen Beziehungen eher zu einer emotionalen Verunsicherung oder zu einer Stabilisierung führen würden. Wir fingen an, die gesamte Schulkonzeption kritisch zu betrachten und neu zu gestalten. Dazu gehörten:

- die Atmosphäre unserer Schule,
- unsere Art, Feste zu feiern,
- das Aufstellen von Regeln,
- die Kooperation mit den Eltern,

- die Gestaltung der Räume,
- die Leistungserwartung und Leistungsfeststellung,
- unser Umgang miteinander,
- Teamarbeit,
- Rituale,
- die Klärung von Konflikten,
- die Überprüfung unseres Unterrichts, d. h. die kritische Betrachtung, ob die Art unserer Lernangebote in den Fächern (Deutsch, Geschichte, Mathematik usw.) nicht nur das Interesse unserer Schülerinnen und Schüler fand, sondern ihnen darüber hinaus Formen des selbstständigen Lernens in vielfältigen Gruppierungen eröffnete.

Es kristallisierte sich nach und nach heraus, dass die Kommunikation mit unseren Schülerinnen und Schülern über Situationen, die sie belasteten, den Kern unserer Arbeit ausmachte.

Gerade Gewaltsituationen machten es erforderlich, immer wieder die inneren und äußeren Abläufe miteinander in Beziehung zu setzen. Meistens wurden diese Dialoge nur mit den beteiligten Kindern im Gruppenraum, auf dem Flur oder in der Sitzecke des Klassenraumes geführt. Für diese Differenzierung während des Unterrichts habe ich das Bild von den zwei Spuren gewählt und spreche von einer *Zweispurpädagogik*. Die Lehrerin, die mit ihren Schülerinnen und Schülern an einem Konflikt arbeitet, befindet sich mit ihnen auf der *Klärungsspur*. Auf diesem Lernweg werden Probleme bearbeitet, in deren Kern es um emotionales Erleben und um Reflexion des sozialen Verhaltens geht. Die übrigen Schülerinnen und Schüler arbeiten selbstständig am Thema des jeweiligen Faches weiter. Sie bewegen sich – im Bilde gesprochen – auf der Inhaltsspur, indem sie z. B. Mathematik machen. Hier sind natürlich offene Formen des Unterrichts, bei denen die Kinder Selbstständigkeit und Selbstverantwortung gelernt haben, eine wichtige

Grundlage. So können unterschiedliche Tätigkeiten gleichzeitig stattfinden, ohne dass dies als etwas Besonderes angesehen wird. Es handelt sich um differenzierenden Unterricht. In der traditionellen Vorstellung verbindet man damit eine Differenzierung nach unterschiedlichem Leistungsvermögen der Schülerinnen und Schüler; hier wird nach Themen differenziert.

Innerhalb der Klärungsdialoge ist es wichtig, dass die erwachsene Person eine gefühlsmäßige Nähe zum Erleben der Kinder hat. Sie sollte nach- und mitfühlen können und sich gleichzeitig davor hüten, ihre eigenen Affekte unkontrolliert gegenüber den Kindern herausbrechen zu lassen. Lehrerinnen und Lehrer, die nach einer Gewaltsituation nicht mit Ärger, Wut oder Hilflosigkeit reagieren, sondern aus einer reflektierten Perspektive handeln, haben die große Chance, den beteiligten Schülerinnen und Schülern zu helfen, ihre inneren Turbulenzen selbst unter Kontrolle zu bekommen. Im Vordergrund steht dabei immer die Gegenwartssituation. Die in ihr sichtbar werdende Problematik wird über die Rekonstruktion der äußeren Abläufe und über die symbolische Darstellung innerer Wahrnehmungen bearbeitet. Gefühle wie Ärger, Wut, Zorn können z. B. in »Messbechern für Gefühle« dargestellt werden. Ein Beispiel:

Während einer sehr ruhigen Mathematikstunde schlägt Christian plötzlich heftig mit seinen Fäusten auf seinen Tischnachbarn Kevin ein. Beim nachfolgenden Gespräch stellt sich heraus, dass Christian bei Kevin abgeschrieben hatte und Kevin daraufhin leise sagte: »Christian schreibt bei mir ab.« Ich hatte davon nicht einmal etwas gehört, aber Christian fühlte sich beschämt und schlug mehrfach auf Kevin ein. Sein Handeln ist natürlich nicht akzeptabel. Denkbar wären eine moralische Verurteilung, eine Belehrung oder die Forderung nach einer Entschuldigung. Sicher ist, dass die Situation nicht unbearbeitet bleiben darf. Wie aber kann sie als Lernereignis für die Ausbildung von psychosozialer Kompetenz genutzt werden?

Ich habe damals beide Schüler zu mir gebeten und sie aufgefordert, über ihre Gefühle nachzudenken und diese zu benennen. Große Wut habe er gehabt, sagt Christian, noch größer sei seine Wut gewesen, ergänzt Kevin. Für ihre Wut skizziere ich Messbecher auf einem Blatt Papier. Dorthinein sollten sie ihre Wut malen. Während der eine malt, schaut der andere zu. So erfahren sie im Beisein ihres Lehrers etwas über ihre eigene Wut und über die Wut des anderen. Als ich sie bitte, noch mehr über ihre Wut zu sagen, bricht es aus Kevin hervor, er fühle sich stark wie ein Riese. Bevor ich ihn bitten kann, diesen Riesen zu malen (ihm eine Gestalt zu geben), kontert Christian mit der Bemerkung, dann sei er ein Dinosaurier und würde den Riesen auffressen. Auch er erhält die Möglichkeit, seinen Dinosaurier zu malen. In der Fantasie der beiden Jungen geht es turbulent zu. Sie agieren auf ihrer inneren Bühne etwas aus, was im Außen so nicht möglich ist, denn es hätte noch größere Folgen als ihre konkrete Auseinandersetzung, die ein Anlass für unser Gespräch war.

Das Geschehen kann so interpretiert werden: Ich habe mit den Kindern über ihre Gefühle gesprochen, habe sie danach gefragt, was ihr Konflikt, der auf der Handlungsebene des Klassenraumes stattgefunden hat, in ihrem Inneren ausgelöst hat. Ich habe mit ihnen ihre »innere Bühne« betreten.

Alle Gewaltsituationen – Mobbing zählt dazu – sind nur erfolgreich zu klären, wenn die Gefühle einbezogen werden. Es gilt, die Gefühle zu benennen oder sie bildlich auszudrücken. Damit sind die entscheidenden inneren Verarbeitungsprozesse angesprochen. Gleichzeitig gilt es, den Bezug zur realen Situation nicht zu verlieren. Deshalb ist es hilfreich, im Laufe des Gesprächs die inneren Erlebnisse mit den äußeren Handlungen in Verbindung zu setzen. So erinnere ich noch einmal an Christians Gewaltattacke, erwähne unser Gespräch und verweise auf ihre zeichnerische Auseinandersetzung mit dem Konflikt. Beide Jungen schauen mich dabei erwartungsvoll an. Sie beginnen sofort mit einer weiteren Gestaltungsaufgabe, als ich sie bitte, ihre Wut in ein Gefäß zu malen, damit wir sehen könnten, wie der jetzige Stand sei. Zu ihrer und meiner Verblüffung erschien in Christians Becher nur ein Punkt als »Restwut«. Bei Kevin konnte man sehen, wie die Wut gerade aus dem Becher entwich. Was diese Veränderung in ihnen bewirkt habe, wollte ich wissen. Wie aus einem Munde antworten sie: »Na, dass wir die Wut in die Becher gemalt haben und darüber gesprochen haben – dadurch ist sie weggegangen.« Anschließend entschuldigt sich Christian ohne Aufforderung bei seinem Tischnachbarn Kevin. Ihre innere Bearbeitung, die sie auf meine Anregung hin vorgenommen haben, entfaltet so eine lösende Wirkung.

Durch das Benennen ihrer Gefühle und die Möglichkeit, ihnen eine Gestalt zu geben, lernen Schülerinnen und Schüler, konstruktiv mit ihren inneren Turbulenzen umzugehen. Im Umgang mit Konflikten machen sie die Erfahrung von Selbstwirksamkeit. Die Anwesenheit und die Anregungen ihres Lehrers lassen sie erleben, dass es um etwas Bedeutsames geht. Wenn bei der Konfliktklärung auch die emotionalen Anteile Beachtung finden, haben die betroffenen Kinder nach erfolgreicher Klärung ein Gefühl von Erleichterung. Die Hilfe, die sie erfahren haben, führt zu Dankbarkeit gegenüber der helfenden Person, und Dankbarkeit ist die Grundlage für Vertrauen. Dieses ist wiederum elementarer Bestandteil einer emotional tragenden Beziehung. Klärungsdialoge führen über den Aufbau einer tragenden Beziehung zu emotionaler Sicherheit.

Was dabei hirnorganisch passiert, kann man sich so vorstellen: Einzelne Wahrnehmungen und Bewertungen schlagen sich langfristig im Gehirn nieder, sie bilden so genannte innere

Repräsentanzen, die bei ähnlichen Situationen wieder aktiviert werden. Bis es schließlich zur Ausbildung eines inneren Wertesystems kommt, braucht es Millionen von Episoden konkreter Erfahrungen und deren Bearbeitung. »Werte sind in neurobiologischer Sicht das Resultat einzelner Bewertungen, deren Statistik vom orbitofrontalen Kortex repräsentiert ist und über die vielleicht zusätzlich noch sprachlich-diskursiv nachgedacht wurde.« (Spitzer 2003, S. 358)

Die von mir vorgeschlagenen Konfliktklärung enthält sowohl das Erleben (Nacherleben) und das Kommunizieren über den Konflikt. In zusätzlichen Rollenspielen kann ein Probehandeln erfolgen. Die entsprechende neuronale Struktur baut sich mit und durch die Erfahrungen auf. Es sind viele Erfahrungen mit Konflikten und mit ihrer erfolgreichen Bearbeitung erforderlich, bis die dabei erworbenen inneren Handlungsmuster im Laufe der Adoleszenz einen vorläufigen Abschluss finden und sich als Wertvorstellungen im neuronalen Netz des Gehirns etablieren.

Bei Mobbing in der Schule handelt es sich es sich um ein komplexes Zusammenspiel von Belästigungen auf der äußeren Handlungsebene und den durch sie im Inneren der Kinder hervorgerufenen Gefühle. Anlass und Ort für Mobbing ist die jeweils konkrete Situation; seine Entstehung sowie Art und Weise der Bearbeitung beruhen aber überwiegend auf den Erfahrungen in der Familie. Bei der Analyse von Mobbingsituationen wird eine große Beziehungsunsicherheit und eine mit ihr verbundene starke emotionale Unsicherheit der beteiligten Kinder und Jugendlichen sichtbar. Es geht um Beziehungen, in denen Kinder keine ausreichende emotionale Sicherheit erfahren und keine ausreichenden Möglichkeiten für die Entwicklung ihrer Persönlichkeit zur Verfügung haben. Oft mangelt es an den erforderlichen Rahmenbedingungen: an emotionaler Zuwendung, an vielfältigen Anregungen und an einer angemessenen Grenzsetzung.

121

Die unzureichende, fehlende oder gestörte emotionale Bindung an eine nahe Bezugsperson entpuppt sich mehr und mehr als Ursache für viele Lern- und Verhaltensprobleme. Die Analyse vieler Gewaltsituationen in der Schule hat ergeben, dass es in der Mehrzahl aller Fälle um den untauglichen Versuch ging, über Gewaltanwendung und Demütigung emotionale Sicherheit zu erreichen. Das Muster sieht so aus: Wenn ich einen anderen Menschen demütige, dann kann ich mich für eine Weile groß und mächtig fühlen (Größenfantasie). Lange hält dieses Gefühl nicht an. Dann muss erneut gedemütigt und geschlagen werden.

Für die Entwicklung eines Kindes ist es wichtig, dass seine Eltern in den ersten Jahren empathisch handeln und z. B. seine Gefühle wahrnehmen und beachten, Wörter für Gefühle finden, Gefühle in Konflikten wahrnehmen und darüber reden. In der Adoleszenz kommt es darauf an, die bisherigen Erfahrungen als Wertesystem zu verankern. Voraussetzungen dafür sind emotionale Erfahrungen und das Kommunizieren über diese. Hier liegt die wesentliche Begründung dafür, warum an Konflikten, wie sie auch in der Schule auftreten, intensiv gearbeitet werden sollte. In Mobbingsituationen wird die gesamte Skala der Gefühle, zu denen Menschen fähig sind, erlebbar.

Die Gefühle werden nicht nur erlebt, sie werden auch in der Form einer Inszenierung zur Darstellung gebracht. In den Handlungsweisen von Schülerinnen und Schülern bei Mobbing sind immer auch Symptome für tieferliegende Probleme zu sehen. Auch wenn uns die beim Mobbing praktizierten Demütigungen und Beleidigungen nicht gefallen, haben sie eine Bedeutung, die sich aus der Interpretation der Lebenssituation einer Schülerin oder eines Schülers erschließen lässt, was jedoch auch oft nicht möglich ist. Dennoch gilt es, den Versuch dazu zu wagen. Hilfreich kann dabei das von dem israelischen Arzt und Soziologen Antonovsky (1998) entwickelte Klärungsmodell sein. In Anlehnung an seine Arbeit hebe ich drei Aspekte hervor: Bedeutsamkeit, Verstehbarkeit und Handlungsfähigkeit.

Bedeutsamkeit

Alle Verhaltensweisen eines Menschen – auch dann, wenn uns diese nicht passen – haben in seiner »Selbstkonstruktion« eine Bedeutung. Um diese Zusammenhänge erkennen zu können, ist ein Wissen notwendig, das Lehrerinnen und Lehrer sich zusätzlich zu ihrem bisherigen Studium aneignen müssen. Fundgruben an Wissen finden sich vor allem in den Nachbarwissenschaften Psychologie, Psychoanalyse, Psychotherapie, Säuglings-, Bindungs- und Hirnforschung.

Verstehbarkeit

Lehrerinnen und Lehrer müssen sich in der Interpretation bestimmter Schülerverhaltensweisen üben. Sie sollten eine klare Vorstellung davon haben, was sich bei Mobbingprozessen nicht nur auf der Handlungsebene im Klassenzimmer oder auf dem Schulhof abspielt, sondern gerade auch, was auf der »inneren Bühne« des Erlebens ihrer Schülerinnen und Schüler passiert. Sie sollten sich auch bemühen, die emotionale Dynamik, die in einer Klasse herrscht, zu verstehen. Eine wichtige Grundlage für die konstruktive Bearbeitung von belastenden Situationen ist also eine hinreichende Interpretationskompetenz. Das Bemühen vieler Lehrerinnen und Lehrer bei der Lösung von Konflikten ist oft deswegen so erfolglos, weil das Gesamtgeschehen falsch oder unzureichend interpretiert wird.

Viele Lehrkräfte sind sich nicht klar darüber, dass auch ihre eigenen erworbenen Bindungsmuster aus der Kindheit mit allen emotionalen Erlebnissen, die damit verbunden sind, durch bestimmte Verhaltensweisen ihrer Schüler reaktiviert werden und somit das Gesamtgeschehen beeinflussen können. Viele Lehrkräfte schenken vor allem dem Phänomen vorgefertigter Beurteilungsschemata zu wenig Beachtung. Dazu gehört z. B. die vorschnelle Verurteilung eines Schülers oder einer Schülerein, von dem oder der Mobbing ausgeht. So bleiben wesentliche Faktoren, die den Verlauf von Mobbingprozessen bestimmen, unerkannt. Hilfe kann daraus weder für Opfer noch für Täter möglich werden. Darum sollte es aber gehen.

Professionell verhält sich ein Lehrer, wenn er sich in die Situation eines Schülers einfühlen kann, sich aber nicht in sie verstricken lässt. Mobbing kann als Inszenierung innerer Probleme auf der Bühne des Klassenzimmers angesehen werden. Wenn Lehrkräfte sich nicht in diese Inszenierungen verstricken lassen, sondern als Regisseure aktiv werden, können sie ihren Schülerinnen und Schülern helfen, Mobbingsituationen zu verstehen und angemessen zu handeln. So kommt es auch in belastenden alltäglichen Situationen zu einer Entwicklung von emotionaler und sozialer Kompetenz. Die Aufgabe besteht darin, genau wahrzunehmen, was Schüler in Szene setzen, ihre Handlungen zu interpretieren und selbst Ideen zum Verständnis der Situation einzubringen. Die Handlungsfähigkeit einer Lehrerin oder eines Lehrers ist auch abhängig davon, ob es in einem Kollegium ein von möglichst allen getragenes Konzept für den Umgang mit Mobbing gibt. Erlasse zum Umgang mit Mobbing in der Schule können vor allem dann hilfreich sein, wenn sie das Problem nicht nur auf der Oberfläche abhandeln.

Handlungsfähigkeit

Handlungsfähigkeit meint den kompetenten Umgang auch mit schwierigen Situationen, wie sie in der Schule ständig auftreten. Kompetentes Handeln gelingt besonders in einem arbeitsfähigen Team und wird in einigen Beispielen dieses Buches deutlich.

Affektarbeit und reflektierendes Handeln

Auffällige Gesten und Verhaltensweisen sind oft lebenswichtige Signale der Kinder, hinter denen sich ernst zu nehmende Probleme verbergen. Oft werden diese Kinder nicht verstanden. Sie müssen daher stärker mit sich selbst kommunizieren, ziehen sich in ihre innere Welt zurück und können sich nicht mehr angemessen auf Lerninhalte konzentrieren. Es entstehen Lernlücken und in vielen Fällen entwickeln sich Lernstörungen. Manche Kinder bringen ihre Lebensprobleme verstärkt nach draußen, indem sie unruhig und oft auch aggressiv werden. Da sie nicht verstanden werden und sich auch nicht verstanden fühlen, müssen sie zu immer stärkeren Mitteln der Darstellung ihrer emotionalen Unsicherheit greifen. Mobbing ist eine Form der Verarbeitung dieser inneren Unsicherheit.

Mit ihrem Verhalten lösen die so agierenden Schülerinnen und Schüler bei Lehrkräften, Erzieherinnen und Eltern Gefühle von Hilflosigkeit und Wut aus. Nun kommt es in der pädagogischen Situation auf angemessenes Handeln an. Darin zeigt sich Professionalität. Lehrer handeln professionell, wenn sie ihre Gefühle nicht nur zulassen, sondern sie als wichtige Komponenten ihrer Einfühlungsfähigkeit (Empathie) annehmen und schätzen lernen. Gefühle eröffnen einen Zugang zur Welt dessen, der sie in uns auslöst (Ciompi 1997). Damit dies gelingt, braucht es jedoch das Element der Reflexion. Leider haben Lehrerinnen und Lehrer das Zusammenspiel von Emotion, Ratio und Handlung im Rahmen ihrer Aus- und Fortbildung nicht oder in nicht ausreichendem Maße gelernt. Viele von ihnen fürchten sich daher auch vor der Betrachtung der eigenen Emotionen im pädagogischen Prozess, obwohl es unsere Emotionen sind, die als wesentlicher Teil unserer Persönlichkeit ermöglichen, dass wir uns unseren Schülerinnen und Schülern öffnen und sie verstehen können. Für das Gelingen dieses Prozesses braucht es Kommunikationsfähigkeit, die wiederum angewiesen ist auf ein gewisses Maß an Vertrauen und Empathie.

Eine wichtige Voraussetzung für die konstruktive Bearbeitung von Mobbing ist die eigene Affektarbeit der Erwachsenen. Mobbingsituationen lösen meist negative Gefühle aus. Das spontane Handeln von Lehrkräften folgt oft unreflektiert oder beschränkt sich auf die kognitive Bearbeitung der Situation. So erhalten beteiligte Schülerinnen und Schüler oft die Aufgabe, das Ereignis schriftlich darzustellen. Wenn wir hier kritischer wären, könnte uns die Erfahrung lehren, dass wir damit nur selten erfolgreich sind. Emotionale Souveränität hingegen, die Lehrer bei der Klärung von Konflikten ausstrahlen, wirkt sich positiv auf die Wahrnehmungs- und Verarbeitungsprozesse der Schülerinnen und Schüler aus. Ihre bisherigen Verhaltensmuster, die eventuell wenig differenziert waren, können über das Lernen am Vorbild des Lehrerverhaltens erweitert werden. Zu ihren bisherigen Erfahrungen kommen neue Verarbeitungsmöglichkeiten hinzu.

Professionelle Handlungskompetenz können Lehrerinnen und Lehrer lernen, indem sie z. B. direkt oder unmittelbar im Anschluss an eine Konfliktsituation nicht nur das Verhalten der Schülerinnen und Schüler, sondern auch das eigene Verhalten und die damit verbundenen Emotionen betrachten. Dabei können Rollenspiele eine große Hilfe sein. Das Erlernen dieser Fähigkeit, die eigenen Emotionen wahrzunehmen und zu reflektieren, beansprucht in der Anfangsphase viel Zeit und Geduld. Mit zunehmender emotionaler Kompetenz kann dieses Handeln auch spontan erfolgen. In der Regel können dann Konflikte relativ schnell und auch erfolgreich geklärt werden.

So erhalten sich Lehrerinnen und Lehrer ihre Energie, die sonst durch unbefriedigende Klärungsversuche mit der Zeit verloren geht.

Wer sich scheut, sein emotional beeinflusstes Handeln selbstkritisch zu reflektieren, hat kaum Aussicht auf erfolgreiche Interaktionen mit seinen Schülerinnen und Schülern. Wie Lehrerinnen und Lehrer auch in schwierigen Situationen – Mobbing gehört dazu – handlungsfähig bleiben, wird im folgenden Kapitel dargestellt.

6

Was können Lehrerinnen und Lehrer tun?

Wie nehmen Lehrerinnen und Lehrer Mobbing wahr? Welche Kompetenzen brauchen sie für einen erfolgreichen Umgang mit solchen Situationen? Eine erste Antwort lautet: Das Wahrnehmen von Mobbing, die Interpretation der Verhaltensweisen agierender Personen, das Erkennen von Strukturen und erfolgreiches pädagogisches Handeln setzen emotionale Kompetenz voraus.

Signale wahrnehmen – Mobbingstrukturen erkennen

Wesentliche Einblicke in Mobbingsituationen erhielt ich durch die Zusammenarbeit mit Lehrkräften verschiedener Schulformen. In Gesprächen wurde deutlich, wie Mobbing von ihnen wahrgenommen wurde. Gleichzeitig war zu erkennen, wie schwer ihnen oft eine konstruktive Bearbeitung von Mobbing fiel. Einige Ausschnitte sollen das deutlich machen.

Kann man die Mauer des Schweigens durchdringen?

»Wie kann man diese Mauer durchbrechen, die Jugendliche um sich aufbauen, wenn in ihrer Gruppe ein Mobbingprozess läuft? Auch wenn man etwas ahnt, gibt es kaum eine Möglichkeit, eine bestimmte Grenze des Schweigens zu überschreiten. Irritierend ist für mich, dass selbst Schülerinnen oder Schüler, zu denen ich im Laufe der Jahre ein Vertrauensverhältnis aufgebaut habe, schweigend vor mir stehen, wenn ich mit ihrer Hilfe einen Einblick in die Situation erhalten möchte.«

(Realschullehrerin)

Wir fühlten uns der Situation hilflos ausgeliefert

»Ich habe als Sozialpädagoge eine Zeit erlebt, in der ein Mädchen von der 7. bis zu 9. Klasse gemobbt wurde. Die Mutter hatte uns frühzeitig darauf hingewiesen, dass es ihrer Tochter in der Schule sehr schlecht geht. Wir haben Augen und Ohren offen gehalten, kamen aber keinen Schritt weiter. Die Mutter hat sich auch direkt eingeschaltet und mit den mobbenden Mädchen gesprochen. Alles blieb ohne Erfolg. Wir haben nicht erkennen können, was da in der Mädchengruppe ablief. Von der Mutter erfuhren wir, dass man zu ihrer Tochter sagte, sie sei durchgeknallt, habe eine merkwürdige Frisur, sei eben komisch. Die Mädchen riefen auch zu Hause an, um ihre Tochter fertig zu machen. Sie würden sie gelegentlich auch schlagen. In der Schule war nicht an die Mädchen heranzukommen. Sie umgaben sich mit Schweigen. Die betroffene Schülerin äußerte lediglich: ›Ich brauche euch nicht. Ich habe andere Freundinnen.‹

Wir konnten das Geschehen nicht interpretieren. Wir wussten auch nicht, was wir machen sollten. Irgendwann schlich sich der Gedanke ein, dass wir doch nichts ändern können. So nahm alles seinen Lauf. Wir fanden keine Zugang zum Handeln der Mädchen. Man kann auch sagen, wir waren der Situation hilflos ausgeliefert.

Irgendwann hat das Mädchen unsere Schule verlassen. Danach war das Theater beendet. Aber es blieb für uns unbefriedigend.«

(Sozialpädagoge an einer Gesamtschule)

Es ist wie eine Nebelwand

»Ich möchte gerne genauer wahrnehmen können, wann
sich in meiner Klasse Mobbing ereignet. Zur Zeit erlebe ich,
wie sich die Mädchen einer siebten Klasse zurückziehen.
Das macht mir Sorge. Ich weiß nicht, was die Ursache dafür
ist. Vielleicht gibt es eine unter ihnen, die die Macht übernommen hat und die andern zwingt, sich zurückzuneh-
men. Aber ich bin mir sehr unsicher. Es ist so etwas wie eine
Nebelwand. Ich sehe meine Schülerinnen und Schüler vor
mir und sehe sie doch nicht, das ist schon sehr eigenartig.«

(Realschullehrerin)

Signale beachten

»Nach meinen Beobachtungen nimmt Mobbing zu. Die
Opfer wenden sich oft nicht an mögliche Helfer. Manche
von ihnen senden allerdings Signale. Manchmal sind es
kurze Mitteilungen auf kleinen Zetteln. So erfuhr ich, dass
sich eine Schülerin, die Mobbing-Opfer geworden war, das
Leben nehmen wollte. Es werden allerdings auch Lehrer
von Schülern gemobbt. Auch diese Lehrer vertrauen sich
ihren Kollegen nicht oder erst sehr spät an.«

(Berufsschullehrerin)

Wenn ich daran denke, empfinde ich Wut und Trauer

»Ich werde immer wieder an einen Mobbingfall erinnert,
der nun schon ein Jahr zurückliegt. Wenn ich daran denke,
dann kommt bei mir eine Mischung aus Wut und Trauer
hoch. Wir konnten damals dem betroffenen Mädchen
nicht helfen. Der gesamte Prozess ist für uns, obwohl wir

uns sehr bemüht haben, im Dunkeln geblieben. Mobbing kann immer wieder passieren und ich bin mir überhaupt nicht sicher, ob ich es rechtzeitig bemerken und die richtigen Schritte tun würde.«

(Lehrer an einer Gesamtschule)

Wie halten die Opfer das aus?

»Für mich stellt sich die Frage, woher Mobbing-Opfer diese große Kraft nehmen, die es ihnen ermöglicht, die ganzen Demütigungen auszuhalten?«

(Sozialpädagoge an einer Hauptschule)

Wir haben versagt

»Ein Mädchen aus einer 8. Klasse wurde zum Mobbingopfer und verließ unsere Schule, weil wir die Situation nicht lösen konnten. Das hängt mir heute noch nach. Ich empfinde das als ein Versagen. Der Täter besucht immer noch unsere Schule. Er grüßt mich freundlich. Was war da eigentlich los?«

(Lehrer einer Gesamtschule)

Am meisten war ich von meiner neuen Kompetenz überrascht

»Ich bin Beratungslehrerin an einer Realschule. Am heutigen Vormittag rief mich eine Mutter an: Ihre Tochter werde seit einiger Zeit von Mitschülerinnen gemobbt. Vier Schülerinnen hätten ihr für die Zeit nach der Schule Schläge angedroht. Die Mutter konnte mir auch den Namen der

Mobberinnen nennen, so dass ich sofort handeln konnte. Ich setzte mich mit der Klassenlehrerin in Verbindung und bat die Mädchen zu einem Gespräch.

Ich sagte ihnen, was ich soeben erfahren hatte, und bat sie, offen über die Situation zu sprechen. Damit der Prozess besser nachvollzogen werden konnte, bot ich ihnen an, zur Verdeutlichung der Vorgänge Bausteine als Stellvertreter zu verwenden. Jeder Baustein stand für eine Schülerin. So gelang es relativ schnell, die inneren Zusammenhänge des Prozesses für alle sichtbar zu machen. Durch die Aufstellung wurde die Hilflosigkeit des Opfers sehr deutlich. Die Mobberinnen waren überrascht, wie klar die Situation nun von allen gesehen werden konnte.

Ich habe den Mädchen gesagt, dass sie sich bei Problemen an mich wenden sollten. Das haben sie versprochen.

Ich selbst war erstaunt, wie schnell eine Mobbingsituation mit dem entsprechenden Material und dem erforderlichen Sachwissen geklärt werden kann.«

(Realschullehrerin, Teilnehmerin eines Workshops
zum Thema Mobbing)

Die Beispiele zeigen, dass es Lehrkräften – selbst dann, wenn sie sich bemühen – nicht leicht fällt, Mobbing zu erkennen und in seinen Strukturen zu durchschauen. Das hängt einerseits mit den starken Gefühlen wie Angst, Scham und Unsicherheit zusammen, die in Mobbingsituationen wirksam sind. Lehrerinnen und Lehrer sind in der Regel nicht entsprechend darin ausgebildet worden, wie man Gefühle bei der Klärung von Konflikten mit einbezieht. Andererseits sind die Strukturen von Mobbing deswegen so schwer zu durchschauen, weil das Verhalten mancher Kinder oft so verwirrend ist. Selbst Schülerinnen und Schüler, mit denen ihre Lehrerinnen und Lehrer in anderen Situationen offen reden können, schweigen plötzlich und geben keine Auskünfte, die zum Verstehen der Situation beitragen könnten.

Besonders schwer zu durchschauen sind Mobbingsituationen, in denen es scheinbar keine zentrale Person gibt, von der die Demütigungen ausgehen. Es ist offenkundig, dass ein Kind von mehreren Mitschülerinnen oder Mitschülern immer wieder abgelehnt und gedemütigt wird. Aber weder Opfer noch Täter vermögen zu erklären, warum sie sich so verhalten. Die Opfer verfallen in Schweigen; die Täter haben oft nur die Erklärung, diese Schülerin bzw. dieser Schüler sei »so komisch«. In diesen Fällen liegt die Ursache für das Geschehen oft in einer unsicheren Bindungserfahrung des Opfers (vgl. Kap. 2, S. 43 ff.). Es fehlt am nötigen Selbstwertgefühl und an positiven Beziehungserfahrungen mit anderen Schülerinnen und Schülern. Schon kleinste kritische Äußerungen von anderen werden aus der Perspektive eines Kindes mit einem unsicheren Selbstwertgefühl als starke Zurückweisung erlebt. Das führt bei den Verursachern zunächst zu Irritationen, weil sie mit einer solchen Reaktion nicht gerechnet hatten. Gleichzeitig merken sie, dass sich hier ein Einfallstor für Demütigungen öffnet. Täter und Opfer geraten in einen Teufelskreis, der leider oft auch nicht von den Lehrkräften durchbrochen werden kann. Erforderlich ist hier eine Professionalisierung von Lehrerinnen und Lehrern mit dem Ziel, Mobbingprozesse nicht nur wahrzunehmen und zu durchschauen, sondern auch erfolgreich in ihnen zu handeln. Ein solches Konzept wird im Folgenden vorgestellt.

Das »Bühnenkonzept« – ein Arbeitsmodell

In den vorausgehenden Kapiteln habe ich darauf hingewiesen, wie wichtig die Beachtung der emotionalen Vorgänge ist: Es geht immer wieder darum, bei der Klärung von Mobbing und anderen Konflikten die Ebene der Gefühle einzubeziehen. Was dies bedeutet, soll am Arbeitsmodell »Bühnenkonzept« konkretisiert werden:

Das Bühnenkonzept

Auf einer Theaterbühne kommen Situationen aus dem realen Leben zur Darstellung. Diese Lebenssituationen hat ein Autor beschrieben, sie liegen als Skript dem Regisseur vor und bilden die Grundlage seiner Inszenierung. Schauspielerinnen und Schauspieler erwecken die schriftlich fixierten Inhalte zu neuem Leben. Theaterbesucher erleben das Schauspiel dann auf ihre je eigene Weise. In Mobbingsituationen inszenieren Schülerinnen und Schüler Teile ihrer Lebenserfahrung. Sie bringen sie gleichsam auf der Bühne des Klassenzimmers zur Aufführung, sind Autoren, Spieler und Regisseure in einer Person. Lehrkräfte sind nicht nur Zuschauer dieser Inszenierungen, sondern sie sind immer auch involviert, müssen interpretieren, was sich vor ihren Augen abspielt, und in den aktuellen Situationen verantwortlich handeln.

Zunächst möchte ich an zwei Beispielen die Unterscheidung von äußerer und innerer Bühne deutlich machen. Damit Kinder im Kindergarten und in der Schule erfolgreich lernen und auch gut mit Konflikten umgehen können, müssen Erzieherinnen und Lehrer möglichst oft auf zwei Bühnen arbeiten. Ich nenne sie die »äußere Handlungsbühne« und die »innere Bühne«. Was auf der äußeren Bühne geschieht, ist relativ leicht zu erkennen. Werfen wir einen Blick in einen Kindergarten und in eine Grundschule:

Die Kinder werden von der Mutter oder vom Vater gebracht. Nach der Verabschiedung hängen sie ihre Jacken auf, ziehen ihre Straßenschuhe aus und die Hausschuhe an; sie reden miteinander und beginnen mit ihrem Spiel.

Das alles geschieht auf der äußeren Bühne und ist gut wahrnehmbar. Aber dann steigt ein Kind aus dem Spiel aus, zieht sich zurück, wird ganz still. Was ist der Anlass, was geschieht auf der inneren Bühne dieses Kindes?

Wir begleiten die Kinder eines zweiten Schuljahres vom Pausenhof zum Klassenzimmer. Sie hängen an der Garderobe ihre Anoraks auf. Plötzlich kommt es zu einem heftigen Streit zwischen zwei Jungen. Dabei reißt der eine seinem Kontrahenten ein Büschel Haare aus. Das alles geschieht sichtbar auf der äußeren Bühne. Zu diesem Zeitpunkt können wir noch nicht erkennen, welche inneren Erlebnisse zu diesem Streit geführt haben. Wir wissen nicht, was sich im emotionalen Erleben der Jungen – auf ihrer inneren Bühne – abgespielt hat. Welche Handlungsweisen sind aus der konkreten Situation erwachsen, welche Anstöße zu diesem so gewalttätigen Agieren resultieren aus früheren Erfahrungen und den daraus angelegten neuronalen Vernetzungen? Wenn sich Lehrerinnen und Lehrer Zeit nehmen und mit ihren Schülerinnen und Schülern in Ruhe über den Konflikt sprechen, besteht die Chance, dass sie einen Einblick in das innere Erleben erhalten. Wenn es im Verlauf des Gespräches gelingt, das jeweilige Verhalten zu erklären und eine Form der Wiedergutmachung, z. B. eine Entschuldigung zu erreichen, dann können sich über diesen Klärungsprozess neue Erfahrungen im kindlichen Erleben als innere Muster etablieren (Gebauer 1996).

Ein weiteres Beispiel aus einem Kindergarten:

Ein Junge wird plötzlich auffällig. Er stört, nervt immer wieder seine Erzieherin. Dies geht über mehrer Tage so. Alle Hinweise und Ermahnungen scheinen keine Veränderungen zu bewirken. In einem Augenblick völliger Gereiztheit schickt die Erzieherin den Störer vor die Tür. Gleichzeitig merkt sie schon, dass sie überreagiert. Sie spürt Empathie für den Jungen, holt ihn zurück und sagt: »Lass uns reden.« Aber Reden geht nicht. Er ist viel zu traurig. Traurigkeit malen, geht das? Er weiß nicht, wie. Die Erzieherin skizziert auf einem Blatt einen Eimer. Der Junge greift nach einem blauen Buntstift. Blaue Farbe brauche er für seine Tränen. Das Malen löst die Zunge. Zu Hause will er weiter malen. So erfährt die Mutter etwas von seiner Traurigkeit.

Im Gespräch mit der Mutter fragt die Erzieherin, ob es etwas Besonderes in der Familie gebe. »Nein«, so lautet die spontane Antwort und nach einer Weile des Nachdenkens ergänzt die Mutter: »Ja, doch, da gibt es etwas, wir planen eine Reise nach Singapur. Aber unserem Sohn werden wir nichts davon erzählen. Er soll es erst unmittelbar vor unserem Abflug erfahren.« Die Großmutter ist schon eingetroffen, um bei dem Jungen zu bleiben. Die Mutter wirkt ängstlich während ihrer Erzählung. Ihre Mutter habe große Angst um sie, erwähnt sie noch. Dies verschweigt die Familie dem Kind. Aber das Kind erfasst die Situation emotional. Es wird unruhig und aggressiv. Das ist auf der äußeren Bühne wahrnehmbar. In seinem Verhalten werden Symptome für seine Unsicherheit sichtbar. Allerdings kann er nicht darüber reden.

Mit Hilfe der Erzieherin, die sich mit ihrem Malangebot auf die innere Bühne des Kindes begibt, bekommt sein inneres Erleben eine Kontur. Da das Kind sein Bild mit nach Hause nimmt, wird es dort Anlass für ein Gespräch. Auf Anraten der Erzieherin spricht die Mutter offen über ihre Reiseabsichten. Am nächsten Tag erzählt der Junge aus freien Stücken seiner Erzieherin, seine Eltern würden eine große Reise nach Singapur machen. Seine Symptome verschwinden. Die Lösung verdankt das Kind der emotionale Kompetenz seiner Erzieherin.

Zwischen äußerer und innerer Bühne findet ein ständiger Austausch statt und beeinflusst die emotionale und kognitive Entwicklung der Kinder. In den skizzierten Situationen kommt es zu Problemen, die gelöst werden müssen, wenn die Kinder erfolgreich lernen wollen. Wenn wir sie bei der Lösung nicht unterstützen, sind sie auf sich selbst verwiesen, wenden alte Muster und Verfahren an. Es kommt zu einem Verhalten, das oft nicht weiterführt. Hier brauchen sie Anregungen der Erwachsenen, um Lösungen zu finden. So erwerben sie neue neuronale Verschaltungsmuster. Auch Lehrerinnen und Lehrer agieren ständig auf zwei Ebenen. Sie müssen wahrnehmen, was auf der äußeren Bühne (Handlungen der Schülerinnen und Schüler) abläuft und darauf reagieren (Handlungen der Lehrkräfte). Gleichzeitig müssen sie das Gesamtgeschehen auf ihrer inneren Bühne wahrnehmen und interpretieren, d. h. unter Einbeziehung ihrer eigenen Gefühle.

Die Bearbeitung von Mobbing nach dem Bühnenkonzept eröffnet verschiedene Möglichkeiten der Gestaltung und auch der Erprobung neuer Handlungsweisen. Mobbing in der Schule ereignet sich an einem realen Handlungsort, z. B. dem Klassenraum, wobei jedoch viele Teile der äußeren Prozessabläufe verborgen bleiben. Noch schwieriger ist es, die inneren Vorgänge der Beteiligten wahrzunehmen. Das Wahrnehmen und Verstehen dieser inneren Muster ist aber die Voraussetzung dafür, dass das Geschehen auf der äußeren Bühne durchschaubar wird. Dann können in einem weiteren Schritt die Handlungsweisen der Schülerinnen und Schüler in einer Gruppe von Lehrerinnen und Lehrern erörtert werden.

Das Bühnenkonzept als Arbeitsmodell habe ich in Anlehnung an Überlegungen des bekannten Familientherapeuten Helm Stierlin (1994) in Gesprächskreisen mit Lehrerinnen und Lehrern entwickelt. Wer eine Ausbildung in Themenzentrierter Interaktion (TZI) oder im Psychodrama hat, wird unschwer auch Elemente aus diesen Methoden wiedererkennen.

Arbeitsschritte nach dem »Bühnenkonzept«

Für die erfolgreiche Klärung von Mobbingsituationen ist die Beachtung der Vorgänge auf der inneren Bühne die entscheidende Voraussetzung. Im Folgenden wird der Arbeitsprozess von Lehrkräften nach dem »Bühnenkonzept« konkretisiert:

1. Aktualisierung der Erinnerungsspur

Der reale Handlungsort, an dem sich das Ereignis abspielt – oft der Klassenraum – ist die äußere Bühne. Das sich hier abspielende Ereignis, z. B. Mobbing, wird von der Lehrerin oder vom Lehrer mehr oder weniger in seinen Einzelheiten wahrgenommen und verarbeitet. Es bleibt eine Erinnerungsspur. Diese kann im Rahmen eines moderierten Gesprächskreises zur Bearbeitung aufgenommen und aktualisiert werden, z. B. zu Beginn einer Sitzung zum Thema Mobbing. Die Mitglieder eines Gesprächskreises werden z. B. von der Moderatorin oder vom Moderator gebeten, eine Mobbingsituation zu erinnern, sich zu vergegenwärtigen, welche Schülerinnen und Schüler beteiligt waren, was sie selbst in der Situation getan haben und welche Gefühle in ihnen ausgelöst wurden.

2. Aktivierung auf der inneren Bühne

Durch diese Anregung findet eine Aktivierung auf der inneren Bühne der Lehrkräfte statt. Das Ereignis wird wieder »lebendig«, läuft noch einmal in ähnlicher Weise auf der »inneren Bühne« der Lehrerin oder des Lehrers ab: Der Erinnernde sieht die handelnden Personen als Akteure und auch sich selbst auf seiner inneren Bühne. Das Geschehen erscheint nah, ist aber bereits durch andere Erlebnisse und Interpretationen verändert.

3. Intensivierung der Wahrnehmung durch Einbezug der Emotionen

Der Hinweis der Moderatorin bzw. des Moderators, neben dem Handlungsereignis und der Abfolge auch die eigenen Emotionen zu erinnern, führt in der Regel zu einer intensiveren Wahrnehmung. Aus der Distanz ist es nun möglich, sich im eigenen Innenraum mit seinen Gefühlen zu befassen, die in der Situation wahrgenommen wurden und auch mit zur eigenen Handlungsweise beigetragen haben, ohne dass dies bewusst geschehen sein muss.

4. Konkretisierung durch Aufstellung von Stellvertretern

Bis zu diesem Zeitpunkt ist der vom Moderator angeregte Bearbeitungsprozess ein individueller Vorgang. Jetzt geht es darum, die erinnerte Mobbingsituation in der Gruppe darzustellen. Diese Schilderung kann mit Hilfe von unspezifischem Material, z. B. Bausteinen unterschiedlicher Größe und Farbe, konkretisiert werden. Sie gelten als Stellvertreter der handelnden Personen. Die Situation wird durch dieses methodische Verfahren sowohl für den Berichterstatter selbst als auch für die Gruppenmitglieder anschaulich. Auf diese Weise gewinnen alle Beteiligten einen guten Überblick über das Geschehen. Es ist z. B. möglich, dass unterschiedliche Gruppierungen innerhalb eines Mobbingprozesses deutlich werden und dadurch relativ schnell die Dynamik der Situation erfasst werden kann.

5. Klärung des Geschehens durch Nachfragen

Durch dieses Verfahren ist eine Mobbingsituation auf der inneren Bühne einer Lehrerin bzw. eines Lehrers wieder lebendig geworden und ist über die Darstellung mit »Stellvertretern« auf einer äußeren Bühne für eine Gruppe sichtbar gemacht worden (vgl. Gebauer 2000a, S. 217 ff.). Zum besseren Verständnis kann es nun sinnvoll sein, das Geschehen durch Nachfragen weiter zu erhellen.

6. Aktive Teilnahme am Verstehensprozess

Zur Vertiefung und zur kritischen Reflexion mit dem Ziel, lösungsorientierte Anregungen geben zu können, wird das Geschehen nun als Rollenspiel dargestellt. Der Moderator sorgt dafür, dass die einzelnen Teilnehmerinnen und Teilnehmer eine Rolle übernehmen und diese im Spiel darstellen (vgl. Gebauer 2000a, S. 227 ff.). Das Gespräch über Emotionen ermöglicht ein tieferes Verständnis der handelnden Personen. Es sollen in diesem Zusammenhang auch die Handlungsweisen der Lehrerin oder des Lehrers in ihrer Wirkung auf die Schülerinnen und Schüler erörtert werden. Sackgassen und Auswege können dabei gut erkannt und thematisiert werden.

7. Erprobung neuer Lösungsansätze

Abschließend geht es darum, Lösungsansätze in einem neuen Rollenspiel zu erproben.

Worin liegt der Gewinn?

Erfolgreiche pädagogische Konfliktlösungen setzen die emotionale Kompetenz der Lehrerinnen und Lehrer voraus, und damit die Bereitschaft, emotional-soziale Prozesse als Arbeitsfeld anzuerkennen. Sie müssen ihre Wahrnehmungsfähigkeit für Gewalt schärfen, Interesse an einer Klärung haben und sich innerhalb eines Teams um methodische Möglichkeiten einer Klärung bemühen. Die Chancen eines erfolgreichen Umgangs mit Mobbingsituationen steigen mit der Bereitschaft, solche Prozesse selbst im Spiel intensiv zu erleben. So können sich Fähigkeiten herausbilden, die es den Lehrerinnen und Lehrern ermöglichen, ihre eigenen Gefühle, die in Mobbingsituationen immer eine Rolle spielen, wahrzunehmen und in der Folge auch zu kontrollieren. Erst danach können sie ihren Schülerinnen und Schülern eine emotional tragende Beziehung anbieten. Ohne Vertrauen lässt sich keine Mobbingsituation erfolgreich lösen. Alle an einem Mobbingprozess beteiligten Personen benötigen für den Aufbau einer inneren Stabilität Zuwendung, Vertrauen und vielfältige Anregung und Unterstützung. Opfer, Mitläufer und Täter brauchen das Interesse und die Zuwendung mindestens einer erwachsenen Person, der sie Vertrauen schenken können.

»Hinter die Kulissen schauen!« – Beispiel für eine moderierte Gesprächsrunde

Das nachfolgende Beispiel einer moderierten Gesprächsrunde von Lehrerinnen und Lehrern aus unterschiedlichen Schulformen (Gymnasium, Berufsbildende Schulen, Gesamtschulen, Hauptschulen, Realschulen) soll den möglichen Verlauf einer konstruktiven Bearbeitung von Mobbing deutlich machen.

Arbeitsschritte in einer Lehrergruppe bei der Bearbeitung einer Mobbingsituation

1. Einstiegsphase
In der Einstiegsphase werden die Teilnehmerinnen und Teilnehmer gebeten, sich auf eine Mobbingsituation zu konzentrieren. Dabei sollen sie sich an beteiligte Personen und an Einzelheiten der Situation erinnern. Meistens ist zu diesem Zeitpunkt der Blick auf die Struktur einer Situation noch nicht möglich. Oft scheuen sich Lehrkräfte gerade deswegen, eine Situation vor den anderen Teilnehmenden zu schildern, weil sie sich schämen, dass die Hintergründe so wenig erkennen. Aus diesem Grunde sollte die Moderatorin bzw. der Moderator vorsichtig nachfragen und die Teilnehmenden gelegentlich zu einer Schilderung ermuntern.

2. Themensammlung

Anschließend werden die Themen, mit denen sich die einzelnen Teilnehmerinnen und Teilnehmer während der Einstiegsrunde beschäftigt haben, in zwei bis drei Sätzen mitgeteilt. In einer Gesprächsrunde wurden z. B. folgende Themen genannt:

- »Schüler und Schülerinnen beleidigen Mitschüler in Chatrooms, indem sie dort Beschimpfungen schreiben. Wie kann ich daran arbeiten?«
- »In einer 7. Klasse (Gymnasium) wird ein Mädchen ausgegrenzt. Die Situation scheint sich zuzuspitzen. Ich stehe der Entwicklung hilflos gegenüber.«
- »Eine Schülerin (8. Klasse Gymnasium) fühlt sich ausgegrenzt. Ich bin unsicher hinsichtlich der Interpretation. Vielleicht, so meine Vermutung, ist sie überempfindlich.«
- »Der Schüler einer 7. Klasse ist erst seit wenigen Wochen bei uns. Er musste die Schule wechseln, weil er an seiner bisherigen Schule gemobbt wurde. Nun scheint er auch bei uns wieder in die Opferrolle zu geraten. Gibt es da Muster, nach denen das abläuft? Die Situation stimmt mich sehr nachdenklich, sie macht mich aber auch ärgerlich. Da kommt schon fast so etwas wie Verzweiflung auf, wenn ich daran denke, dass auch wir möglicherweise dem Schüler nicht helfen können.«
- »Mich beschäftigt die Situation eines Mädchens in der 6. Klasse (Gymnasium). Dieses Mädchen übt nach meinen Beobachtungen eine große psychische Macht auf drei Mitschülerinnen aus. Ich komme an das Mädchen nicht heran. Mit ihrem Vater habe ich ein Gespräch geführt. Der Vater verstand es, von seiner Tochter abzulenken, brachte mich durch seine Art selbst in eine Situation, in der ich mir vorkam wie eine Schülerin, die dringend Hilfe braucht.«

3. Gruppenarbeit

In einem nächsten Schritt wird ein Thema für die Gruppenarbeit ausgewählt. Im konkreten Fall entscheidet sich die
Runde für das Thema Freundschaft. Eine Lehrerin berichtet:

»Nora besucht die 6. Klasse der Realschule. Sie macht auf
mich den Eindruck, als habe sie einen großen Hunger nach
Anerkennung, Liebe, Freundschaft. Sie ist von zu Hause
verwöhnt. In den Fächern war sie anfangs sehr gut, zeigte
also insgesamt sehr gute Leistungen. In ihrer ehemaligen
Klasse hatte sie einen großen Freundeskreis. Sie war gera-
dezu von Mitschülerinnen und Mitschülern umschwärmt
gewesen. Aber nun kommt es seit einiger Zeit zu einem
deutlichen Leistungsabfall.

Ihre beste Freundin Silvia hat ihr die Freundschaft
gekündigt und nun selbst eine Gruppe von Mädchen um
sich geschart. Nora ist völlig allein. Sie wird mit der Situation nicht fertig. Silvia hat für die Mitschülerinnen die
Regel ausgegeben: ›Wir oder die.‹ Das hat zur Folge, dass
sich die meisten Mädchen um Silvia scharen. Nora kommt
zu mir, erzählt mir alles und sagt, dass sie die Situation
nicht mehr aushalten könne.«

Die Lehrerin schweigt einen Moment und ergänzt
dann ihren Bericht: »Nora verhält sich oft sehr merkwürdig. Sie geht z. B. während des Sportunterrichts in die
Umkleidekabine, entwendet für ein Gespräch ein Handy,
ruft die Mutter einer Mitschülerin an und erzählt Unwahr-
heiten. Sie wird überrascht, leugnet aber den Vorfall. Sie
scheint sich mehr und mehr zu verstricken. Dann ruft sie
immer wieder auf ihrem eigenen Handy während des Vor-
mittags ihre Mutter an, sie halte es in der Schule nicht
mehr aus. Die Mutter solle sie rausholen. Nora läuft auch
oft aus dem Unterricht einfach weg. Während der Pause
gehen die anderen Mädchen Arm in Arm über den Schul-

hof und weisen Nora ab, wenn sie sich der Gruppe anschließen will. Vor wenigen Tagen hat jemand ihren Zeichenblock zerschnitten. Wie und warum es zum Bruch zwischen Nora und Silvia gekommen ist, konnte bisher nicht geklärt werden.

Die Mutter macht sich große Sorgen, hat bei der Schulleitung angerufen und um ein Gespräch gebeten. Dabei wird deutlich, dass Nora ihrer Mutter den Vorwurf macht, nicht genügend von ihr unterstützt zu werden. Die Mutter solle für einen Schulwechsel sorgen, so die Erwartung der Tochter. Zu Hause ist Nora auch aggressiv und greift den jüngeren Bruder körperlich an. Die Mutter, die ihre Kinder nach der Trennung von ihrem Mann allein erzieht, fühlt sich stark herausgefordert und extrem hilflos. Sie wirkt depressiv.«

4. Aufstellung mit Bausteinen und mit realen Personen

Während der Erzählung stellt die Lehrerin die Situation mit Bausteinen auf. Diese Darstellung dient als Vorlage für die nun folgende Aufstellung mit Personen. Es werden drei Varianten aufgestellt:

- Zwei Lehrerinnen übernehmen die Rollen von Nora und Silvia. Sie stehen sich 20 Sekunden gegenüber, schauen sich an, versuchen die Phase der Freundschaft zwischen den beiden Mädchen nachzuerleben.
- Die aktuelle Situation wird gestellt: Silvia ist umgeben von Mitschülerinnen, ihnen gegenüber steht Nora.
- Die Mutter wird noch in die Aufstellung hineingenommen. Sie befindet sich am äußersten Rand.

Die anschließende Reflexion ergibt:

Die erste Variante macht deutlich, dass Nora große Macht über ihre Freundin Silvia hatte. Möglicherweise basierte die Freundschaft nicht auf Gegenseitigkeit. Sie waren aufeinander angewiesen. Nora schien aber diejenige zu sein, die eine dominante Position inne hatte. Die Darstellerin von Silvia äußerte das Gefühl: »Jetzt reicht es, nun zeig ich dir einmal, dass ich auch ohne dich Freundinnen haben kann.«

In der zweiten Szene erleben die Darstellerinnen die Macht, die sie als Gruppe Nora gegenüber haben. Hinsichtlich ihrer Verbundenheit mit Silvia gibt es unterschiedliche Wahrnehmungen. Einige fühlen sich wohl, wollen keine Veränderungen; andere teilen ihr Unwohlsein mit und könnten sich vorstellen, auch mit Nora befreundet zu sein. Ihre Kraft, den »ersten Schritt« zu tun, ist allerdings sehr gering.

Die letzte Situation macht deutlich, dass von der Mutter wenig konstruktive Hilfe zu erwarten ist. Sie wurde am äußersten Rand aufgestellt.

5. Entwicklung von Ideen für das pädagogische Handeln

Hilfreich könnte ein Gespräch der Klassenlehrerin mit Nora und Silvia sein. So wie die Mutter bei der Aufstellung erlebt wurde, könnte für sie eine therapeutische Hilfe sinnvoll sein. Die Situation sollte auch in der Klasse thematisiert werden. Wichtig wäre aber zunächst, dass ein Gespräch in der Mädchengruppe geführt wird, da nach jetzigem Erkenntnisstand nur Mädchen an dem Problem beteiligt zu sein scheinen. Durch offenes Angehen des Problems kann eine Atmosphäre des Vertrauens geschaffen werden.

Bei der nächsten Sitzung berichtet die Lehrerin:

»Ich habe beide Mädchen noch einmal zum Gespräch gebeten, nachdem ich sie einzeln vorher noch gefragt hatte, ob sie dazu bereit sind. Ich ermunterte sie, von ihrer früheren Freundschaft und der beiderseitigen Anziehungskraft zu berichten. Allein das Lächeln und die blitzenden Augen beider Mädchen während dieser Berichte waren sehenswert. Das Bedürfnis, miteinander befreundet zu sein, ist bei beiden noch stark: Nora will allerdings stärker vereinnahmen und bringt das auch mehr zum Ausdruck. Silvia will sich aber nicht vereinnahmen lassen und konnte das auch so formulieren.

Ich habe daraufhin das Gespräch auf Veränderungen im Leben allgemein gelenkt. Nora wünscht sich alte Zeiten zurück, und zwar nicht nur mit Silvia, sondern vor allem auch die Zeit, in der ihre Mutter noch ausschließlich für ihre Kinder da war. Nora formulierte, dass sie die Zeit anhalten bzw. zurückdrehen wollte, während Silvia mit Neugier und Optimismus in die Zukunft schaut. Noras Augen waren tränengefüllt, sie wirkte wie unter einer Trauerglocke, sah nur mich an. Silvia war wie nicht vorhanden. Noras Kummer hat mich sehr berührt. Ich habe einfach nur dagesessen, nichts weiter gesagt und sie genauso unverwandt angesehen. Silvia war ebenfalls schweigsam, nahm dann aber Noras Hand. Nora sprach noch über ihren Vater, zu dem sie auf Wunsch der Mutter keinen Kontakt haben darf.

Der Rest des Gespräches ist mir nicht mehr so deutlich in Erinnerung, irgendwie war es auf einmal zu Ende und mein Eindruck war, dass beide Mädchen einander wieder zugewandt waren. Ich sehe die Ausgrenzung von Nora. Ist sie aber schon ein Mobbingopfer? Den Hauptkonflikt sehe ich zwischen Nora und ihrer Mutter.«

Dieser Bericht wird in der Gesprächsgruppe interpretiert:

Noras Situation ist durch große Unsicherheit gekennzeichnet, die ihren Ursprung in der familiären Situation hat. Für eine umfangreiche Analyse fehlen umfassende Informationen. Aber es gibt Hinweise, die in aller Vorsicht einige Vermutungen ermöglichen:

Nora wünscht sich eine Situation zurück, in der die Mutter für sie da war. Sie sehnt sich zurück in die Kindheit, in der sie

Zuwendung erhielt. Zum Vater darf sie keinen Kontakt aufnehmen. Für das Erwachsenwerden ist aber die Beziehung zum Vater nicht weniger wichtig als die zur Mutter und so ist Noras Trauer sehr verständlich. In ihrer Not sucht sie Halt bei Silvia, die ihr diesen Halt aber so umfassend nicht geben kann. Es ist anzunehmen, dass sie sich durch Noras Anlehnungsbedürfnis überfordert und bei ihrem Streben, auch mit anderen Mädchen Freundschaften einzugehen, zu sehr eingeengt fühlt. Im Gespräch zeigt Silvia ihrer ehemaligen Freundin gegenüber Empathie. Vielleicht liegt hierin die Chance zu einer positiven Entwicklung.

Die Unsicherheit, in die Nora verfiel, ist auf die Erfahrung in der Familie zurückzuführen. Eine Stabilisierung in diesem Bereich würde sich sicherlich positiv auf Nora auswirken. Mehr als ein Hinweis durch die Lehrerin ist allerdings kaum möglich. Für die Zukunft bleibt die Aufgabe, das Band des Vertrauens, das sich zwischen Lehrerin und Schülerinnen entwickelt hat, aufrechtzuerhalten. In Silvias Verhalten ist ein Hinstreben auf die Zukunft zu erkennen, während Nora sich auf die Vergangenheit zubewegt. Beide Bewegungen sind nachvollziehbar. Nora sucht Sicherheit über ein eher »regressives« Verhalten, Silvia startet progressiv in die Zukunft, fühlt sich jedoch durch Noras Anlehnungsbedürfnis eingeengt. Um freier zu sein – ein typisches Ziel der Adoleszenz –, schart sie Mitschülerinnen um sich, die sich gemeinsam mit ihr auf den Weg des Erwachsenwerdens machen. Nora erschwert durch ihre gegenläufige regressive Tendenz diese Bestrebungen. So kann es kommen, dass ein Mädchen ausgegrenzt wird. Aber noch sind empathische Verbindungen vorhanden. Eine große Chance liegt für Nora darin, dass sie bei ihrer Lehrerin Verständnis findet und sich vorübergehend bei ihr »anlehnen« kann.

Für Mutter und Tochter könnte eine Therapie hilfreich sein, in der auch die schwierige Situation mit dem »verbotenen« Vater bearbeitet werden sollte.

Diese Form der Wahrnehmung und Bearbeitung von Mobbing in einem Team kann zu einer Erweiterung des Verstehenshorizonts führen und der betroffenen Lehrkraft neue Einsichten ermöglichen. Es werden neue Perspektiven sichtbar, die eine Person allein oft nicht sieht.

Lehrerinnen und Lehrer brauchen psychosoziale Kompetenz

Mobbingsituationen können sich überall ereignen, wo Menschen in Gruppen zusammen sind. Jede Gruppen entwickelt ihre eigene Dynamik, die sich aus dem komplexen Zusammenspiel unterschiedlicher Interessen, Verhaltensweisen und Kompetenzen der handelnden Personen ergibt.

Erfolgreiche Arbeit in Gruppen kann nur dann stattfinden, wenn ein gewisses Maß an emotionaler Sicherheit vorhanden ist. Diese ist wiederum abhängig von den Mitgliedern, die über Autorität verfügen. Lehrerinnen und Lehrer brauchen diese Autorität, um erfolgreich arbeiten zu können. Autorität entwickelt sich in den vielen Beziehungen, die sich täglich in unzähligen Situationen im Umgang mit den Schülerinnen und Schülern ergeben. Der erfolgreiche Umgang mit Konflikten gehört zu den herausragenden Kompetenzen der Lehrerin bzw. eines Lehrers. Verliert er diese Fähigkeit, dann kommt es zu Verunsicherungen in der Klassengemeinschaft. Das Vakuum wird nur schwer ausgehalten. Sehr schnell ergreifen einzelne Schüler oder Schülerinnen die sich bietende Chance, selbst Macht auszuüben. Sie scharen verunsicherte und willige Schülerinnen und Schüler um sich und bauen in kürzester Zeit eine Machtstruktur auf, die in der Konsequenz auch zu Mobbing führen kann.

Oft kann eine Lehrkraft die Klärung einer Mobbingsituation nicht allein bewältigen. Sie ist dann auf die Bereitschaft und Hilfe der Kolleginnen und Kollegen angewiesen. Klärungsprozesse bei Mobbing gelingen am ehesten, wenn man sich mit der Struktur von Mobbing vertraut macht. Ohne Beachtung der in Mobbingprozessen wirkenden Emotionen – das sind an erster Stelle Scham und Angst – kann es keine Lösungen geben. So entstehen dann Ärger, Frust, Enttäuschung, Resignation und Gleichgültigkeit. Das scheint die Situation in vielen Klassen zu sein, in denen Mobbing stattfindet.

Damit Lehrerinnen und Lehrer gesund, arbeitsfähig und auch lebensfroh bleiben, ist es wichtig, dass sie dem Problemfeld Mobbing nicht ausweichen, sondern es bearbeiten. Dazu brauchen sie entsprechende Methoden. Die kurzfristig entstehende Mehrbelastung wird ihre Früchte tragen. Am effektivsten ist es, sich diese Methoden in kleinen Teams anhand konkreter Situationen anzueignen, um schon in der Aneignungsphase vorhandene Probleme zu lösen und damit eine erste Entlastung zu schaffen.

Lehrerinnen und Lehrer haben in der Regel eine gute Fachausbildung erhalten. Auch die didaktisch-methodische Arbeit haben sie spätestens im Rahmen des Referendariats gelernt. Aber sie sind während ihres Studiums nicht angemessen mit gruppendynamischen Prozessen und den innerseelischen Mustern der in den Gruppen agierenden Personen vertraut gemacht worden. Die daraus resultierende Hilflosigkeit gegenüber bestimmten Situationen kann zu Stress mit all seinen schlimmen Folgen führen.

Die Betroffenen nehmen oft nur wahr, dass sie selbst versagen, oder stellen sich dies so vor. Die Beschreibungen der Lehrerinnen und Lehrer am Anfang dieses Kapitels haben deutlich gemacht, dass nicht bewältigte Mobbingsituationen noch lange Zeit nachwirken können und damit weiter eine Belastung darstellen. In der aktuellen Situation fehlten Wissen und die Methoden, die eine erfolgreiche aktive Auseinandersetzung ermöglicht hätten. Dies hätte zur Entlastung führen können.

Um einen erfolgreichen Umgang mit Mobbing zu ermöglichen, sollte daher eine methodenorientierte und kontinuierliche Teamarbeit angestrebt werden. Es gilt, ein Gespür für die Probleme in einer Klasse zu entwickeln und diese dann zu analysieren; Lösungsvorschläge sind zu erarbeiten und müssen umgesetzt werden. So erfolgt eine Stärkung der individuellen Kompetenz und der Arbeitskompetenz der Gruppenmitglieder. Hospitationen können zur gegenseitigen Offenheit und zunehmender Vertrauensbildung beitragen. Damit ist die emotionale Komponente in den Arbeits- und Reflexionsprozess einbezogen.

Viele Probleme, die Lehrerinnen und Lehrern heute zu schaffen machen, könnten besser von ihnen gelöst werden, wenn sie bereit und in der Lage wären, im Team konstruktive Formen der Lösung zu suchen. In zahlreichen Einzelgesprächen mit Lehrerinnen und Lehrern ist mir oft gesagt worden, dass ein emotionales Sich-Öffnen immer wieder in Enttäuschung endete. Die Folge dieser Erfahrung war in aller Regel ein Abbruch der Gespräche und damit ein Verzicht auf gemeinsame Problemlösungen. Damit ist die einzelne Lehrkraft wieder auf sich selbst gestellt. Das ist, wie neuere Untersuchungen zeigen, in hohem Maße gefährlich. Einige Jahre ist die hohe Belastung des Lehrerberufs auszuhalten, aber dann stellen sich körperliche Symptome ein, wenn man nicht über Entlastungsstrategien verfügt (Bauer 2005, S. 113/114).

Viele Lehrerinnen und Lehrer, die einmal mit einem guten Vorsatz Teamarbeit begonnen haben, scheitern, weil sie die eigenen Gefühle nicht genügend berücksichtigen und nicht besitzen, was man emotionale Kompetenz nennt: emotionale Achtsamkeit, Empathie, Erfahrung von Selbstwirksamkeit, Bedeutsamkeit, Handlungsfähigkeit.

Eine Reduzierung von Stress tritt überall dort ein, wo es gelingt, emotional tragende Beziehungen zu den Schülerinnen und Schülern aufzubauen und ihnen untereinander neue

Beziehungserfahrungen zu ermöglichen. Bezogen auf die Thematik dieses Buches heißt das, Mobbingsituationen zum Lernfeld für psychosoziale Prozesse zu machen, wobei es immer auch darum geht, die Gefühle zu beachten. Eine wirkliche Chance, sich kompetentes Verhalten anzueignen, sehe ich in einer Fortbildungsform, bei der die individuellen und gruppenbezogenen Emotionen angemessene Beachtung finden.

Damit ein Team konstruktive Erziehungsarbeit leisten kann, ist es erforderlich, dass die einzelnen Mitglieder über ein hinreichendes Maß an emotionaler Kompetenz verfügen:

- Kompetentes Verhalten zeigen Lehrerinnen und Lehrer, die ihren Schülerinnen und Schülern eine emotional tragende Beziehung anbieten. Sie berücksichtigen die Beziehung in ihren Überlegungen mit und reflektieren ihre Arbeit nicht nur unter didaktisch-methodischen Gesichtspunkten. Beziehungen sind konstruktiv, wenn sie eine zugewandte emotionale Komponente haben. Voraussetzung dafür ist das Wahrnehmen eigener Gefühle im Wechselspiel mit denen anderer Menschen.

- Kompetente Lehrerinnen und Lehrer verfügen über Deutungswissen und können Interpretationsverfahren anwenden. So sind sie in der Lage, individuelle und gruppendynamische Verhaltensweisen ihrer Schülerinnen und Schüler zu verstehen und angemessen zu handeln.

- Sie können ihre eigenen Kräfte richtig einschätzen und sich somit auch vor Überforderung schützen. Sie verfügen mindestens über Strategien eines erfolgreichen Umgangs mit Mobbingsituationen.

- Kompetentes Lehrerverhalten zeigt sich vor allem in der Wahrnehmung und Analyse von Verhaltensweisen, die aus frühkindlichen Bindungsmustern resultieren. So ist es möglich, dass sich Lehrkräfte nicht in die Inszenierungen ihrer Schülerinnen und Schüler verstricken lassen. Sie gehen konstruktiv mit Verhaltensweisen um, die aus unsicheren Bindungsmustern entstanden sind. So eröffnen sie ihren Schülerinnen und Schülern eine Chance, emotionale Sicherheit zu erwerben.

- Sie regen das Lern- und Sozialverhalten ihrer Schülerinnen und Schüler nicht nur an, sie sind auch Unterstützerinnen und Berater. In Mobbingsituationen bieten sie den betroffenen Schülerinnen und Schülern durch ihr kontinuierliches Interesse und ihre Handlungskompetenz Schutz.

- Kompetente Lehrkräfte wissen, dass sie nicht nur Vermittler von Lerninhalten sind, sondern dass ihr Verhalten in den unterschiedlichsten Situationen Vorbildcharakter hat. Damit werden sie selbst in ihrem emotionalen, sozialen und kognitiven Verhalten zum Inhalt von Lernprozessen.

- Kompetente Lehrkräfte befinden sich in einem lebenslangen Lernprozess. Sie praktizieren Teamarbeit. Sie wissen und beherzigen, dass ein Gelingen ihrer komplexen Arbeit nur möglich ist, wenn sie weiter Zugang zu ihren Gefühlen haben. Sie wissen und beachten, dass emotionale Kompetenz das Fundament erfolgreicher Lernprozesse ist.

Schlussbemerkung

Jede Schülerin und jeder Schüler kann Opfer von Mobbing werden. Deswegen ist es notwendig, über Schutzfaktoren nachzudenken, die die Gefahr einer Verwicklung in Mobbingsituationen möglichst gering hält. Ein gut ausgebildetes Selbstwertgefühl gehört zu den wichtigsten Schutzfaktoren. Kinder und Jugendliche mit einem guten Selbstwertgefühl sprechen die Ereignisse, die bei Mobbing stattfinden, relativ schnell mit Personen ihres Vertrauens an. Das können die Eltern, Mitschüler oder Lehrerinnen und Lehrer sein. Eine fatale Verstärkung erfahren Mobbingprozesse allerdings, wenn die angesprochenen Personen den Ernst der Situation nicht erfassen oder nicht angemessen reagieren. Damit schwächen sie die Position des Opfers und stärken die Macht der Mobber.

Wird eine Schülerin oder ein Schüler Opfer von Mobbing, so führt das in der Regel zu einem fassungslosen Staunen. Opfer können die Ereignisse mit ihren Verstehensmustern nicht zur Deckung bringen. »Das darf doch nicht wahr sein, was die mit mir machen«, ist ein häufiger Ausspruch. Wenn diese Schüler keine zugewandte Unterstützung erhalten, kann es in der Folge zu Entwicklungen kommen, die sich über lange Zeiträume hinziehen und nicht nur das Lernvermögen der betroffenen Schülerinnen und Schüler einschränken, sondern vor allem ihr gesundheitliches Befinden beeinträchtigen und ihr Selbstwertgefühl schwächen.

Im Laufe der gesamten Entwicklung kommt es auf die Förderung des Selbstwertes an. Psychosoziale Kompetenz, d. h. Empathie für die eigene Person und für die Mitmenschen, sind entscheidende Ziele familiärer und institutioneller Erziehung. Eltern sollten daher mit Interesse die schulische Entwicklung ihrer Kinder begleiten, ein waches Auge und ein offenes Ohr für ihre Signale haben. So können sie am ehesten wahrnehmen, ob ihr Kind in irgendeiner Weise in eine Mobbingsituation verstrickt ist. Gibt es eine solche Vermutung, dann sollte umgehend in vertrauensvollen Gesprächen mit anderen Eltern, mit den Lehrerinnen und Lehrern versucht werden, die Situation zu klären. Dabei sollte allen Beteiligten bewusst sein, dass es in den allermeisten Fällen nicht im kriminalistischen Sinne um die Aufklärung einer Tat gehen kann. Es kommt vielmehr darauf an, eine sehr missliche Situation zu einem pädagogischen Lerninhalt zu machen. So schmerzlich eine Mobbingsituation für die Betroffenen ist, sie bietet auch die Chance, über einen konstruktiven Dialog zu neuen Einsichten und Bewertungen und damit zu einer Erweiterung der eigenen psychosozialen Kompetenz zu kommen.

Diese Arbeit wird gegenwärtig durch viele Faktoren behindert oder beeinträchtigt.

1. Viele Kinder und Jugendliche verfügen nicht über das Selbstbewusstsein, das man braucht, um sich in Mobbingsituationen Hilfe zu holen.

2. Neben diesem individuellen Problem gibt es aber auch schulische Probleme. Damit Klärungsgespräche stattfinden können, müssen unterrichtsorganisatorische Maßnahmen getroffen werden, denn für eine erfolgreiche Klärung ist meistens die Teilnahme mehrerer Lehrkräfte erforderlich. Das bedeutet, dass eventuell Unterrichtsstunden zugunsten von Klärungsgesprächen ausfallen oder durch andere Lehrkräfte vertreten werden müssen. Damit solche Umorganisationen ohne größere Reibungsverluste möglich sind, sollte das Kollegium einer Schule die Arbeit an Mobbingprozessen in ihrer pädagogischen Konzeption verankert haben.

3. Oft wird als Argument angeführt, die Rahmenbedingungen (Unterrichtsversorgung) reichten nicht aus, um Zeit für die Klärung einer Mobbingsituation zur Verfügung zu stellen.

4. Leider ist es so, dass auch viele Eltern kein Verständnis für den zeitlichen und personellen Aufwand haben, den die erfolgreiche Arbeit an Mobbingprozessen erfordert. Es sind vor allem Eltern, deren Kinder dem äußeren Anschein nach nicht beteiligt sind. Diese Eltern befürchten, dass ihre Kinder in ihrer Lernentwicklung durch Probleme benachteiligt werden, die andere in die Schule hineinbringen.
5. Es scheint in vielen Fällen auch an der erforderlichen Professionalität der Lehrkräfte zu mangeln.

Mir scheint, dass das zuletzt genannte Problem am ehesten zu lösen ist. Mobbing muss als Thema im Rahmen des Studiums behandelt und auch in Fortbildungsveranstaltungen thematisiert werden.

Eltern und Lehrkräfte, die Zeitmangel als Argument dafür anführen, dass man sich möglichst nicht oder wenn es nicht zu umgehen ist – mit nur geringem Zeitaufwand mit Mobbing auseinandersetzen sollte, verkennen die Grundstruktur und die Dynamik, die Mobbingprozessen innewohnt.

Unterricht findet in einem sozialen Raum statt und Mobbing ereignet sich in sozialen Situationen. Es ist primär ein soziales Phänomen. Das bedeutet, dass Mobbing auch im sozialen Raum gelöst werden muss.

Nach den vielen Gesprächen, die ich mit Eltern, Lehrerinnen/Lehrern und Schülerinnen/Schülern geführt habe, musste ich feststellen, dass die größten Probleme, die eine Lösung erschweren, nicht bei den Schülerinnen und Schülern, sondern bei den Erwachsenen liegen. Viele von ihnen nehmen das Leid der Kinder, die andere mobben oder von anderen gemobbt werden, nicht genügend zur Kenntnis. Viele Erwachsene (Eltern, Lehrerinnen und Lehrer), die mit Mobbingsituationen in der Schule konfrontiert werden, wollen möglichst nichts damit zu tun haben. Damit gehören sie zu den Verstärkern von Mobbingprozessen. Aus ihrer Sicht soll das Problem

155

möglichst schnell aus der Welt geschafft werden. Sie wünschen, dass die Täter ausfindig gemacht und für ihr Tun zur Rechenschaft gezogen werden.

Der Weg, ein brutaler Mobber zu werden, ist sehr lang. Auf diesem Weg sind viele Interventionen möglich. Ihr Erfolg ist entscheidend davon abhängig, ob gefährdete Kinder und Jugendliche erwachsenen Menschen begegnen, die ihnen helfen, nicht nur die Vorgänge auf der äußeren Handlungsbühne, sondern vor allem auf der inneren Bühne ihres emotionalen Erlebens zu verstehen. Mobbing in der Schule muss primär unter entwicklungspsychologischen und pädagogischen Gesichtspunkten betrachtet und bearbeitet werden.

Mobbingprozesse sind natürlich nicht gut zu heißen, aber da, wo sie auftreten, sollte man sie zu Lernereignissen machen. Es muss das Ziel schulischer Pädagogik sein, die bei Mobbing ablaufenden äußeren und inneren Vorgänge in ihrem Zusammenwirken zu verstehen. Somit erhalten Schülerinnen und Schüler die Chance, psychosoziale Kompetenzen zu erwerben. Aufgedeckte und bearbeitete Mobbingsituationen ermöglichen die Aneignung psychosozialer Kompetenz und stellen in der weiteren Entwicklung einen Schutzfaktor dar. Unbeachtete und unbearbeitete Mobbingsituationen hingegen können ihre destruktive Wirkung auf die beteiligten Kinder voll entfalten. Kein Kind, das im Kindergarten oder in der Grundschule anfängt zu mobben, muss sich zu einem brutalen Mobber entwickeln, wenn Eltern, Erzieherinnen und Lehrer mit solchen Situationen konsequent umzugehen lernen. Der personelle und zeitliche Aufwand lohnt sich, wenn man an die emotionalen, sozialen und gesundheitlichen Folgen von Mobbing denkt.

Literatur

Alsaker, F. D. (2005): Mobbing unter Kindern und Jugendlichen. www.praevention-alsaker.unibe.ch

Antonovsky, A. (1998): Vertrauen, das gesund erhält. Warum Menschen dem Stress trotzen. In: Psychologie heute, Heft 2, S. 51 ff.

Bauer, J. (2005): Warum ich fühle, was du fühlst. Intuitive Kommunikation und das Geheimnis der Spiegelneurone. Hoffmann und Campe, Hamburg

Brisch, K. H. (1999): Bindungsstörungen. Von der Bindungstheorie zur Therapie. Klett-Cotta, Stuttgart

Bürgin, D. (2002): Psychoanalytische Psychotherapie in der Adoleszenz. In: Psychotherapie im Dialog. Thieme, Stuttgart, S. 331–337

Cierpka, M. (2001): Zur Entstehung und Verhinderung von Gewalt in Familien. In: Gebauer/Hüther (2001), S. 124–143

Ciompi, L. (1997): Die emotionalen Grundlagen des Denkens. Vandenhoeck & Ruprecht, Göttingen

Damkowski, C. (1998): Beruf Lehrer. In: Psychologie heute, Heft 1, S. 40 ff.

Deutsche Shell (Hg.) (2002): Jugend 2002. S. Fischer, Frankfurt a. M.

Deutsches PISA-Konsortium (Hg.) (2001): PISA 2000. Basiskompetenzen von Schülerinnen und Schülern im internationalen Vergleich. Leske + Budrich, Opladen

Dornes, M. (2000): Die emotionale Welt des Kindes. S. Fischer, Frankfurt a. M.

Dörr, M./Göppel, R. (Hg.) (2003): Bildung der Gefühle. Innovation? Illusion, Intrusion? Psychosozial, Gießen

Erdheim, M. (2002): Ethnopsychoanalytische Aspekte der Adoleszenz – Adoleszenz und Omnipotenz. In: Psychotherapie im Dialog. Thieme, Stuttgart, S. 324–330

Gebauer, K. (1996): »Ich hab sie ja nur leicht gewürgt.« Mit Schulkindern über Gewalt reden. Klett-Cotta, Stuttgart

Gebauer, K. (1997): Turbulenzen im Klassenzimmer. Emotionales Lernen in der Schule. Klett-Cotta, Stuttgart

Gebauer, K. (2000a): Stress bei Lehrern. Probleme im Schulalltag bewältigen. Klett-Cotta, Stuttgart

Gebauer, K. (2000b): Wenn Kinder auffällig werden – Perspektiven für ratlose Eltern. Walter, Düsseldorf

Gebauer, K. (2003a): Die Bedeutung des Emotionalen in Bildungsprozessen. In: Dörr/Göppel (2003), S. 213–240

Gebauer, K. (2003b): Väter gesucht. 16 exemplarische Geschichten. Walter, Düsseldorf

Gebauer, K. (Hg.) (2005): Anders lernen. Modelle für die Zukunft. Walter, Düsseldorf

Gebauer K./Hüther, G. (Hg.) (2001): Kinder brauchen Wurzeln. Neue Perspektiven für eine gelingende Entwicklung. Walter, Düsseldorf

Gebauer, K./Hüther, G. (Hg.) (2002): Kinder suchen Orientierung. Anregungen für eine sinn-stiftende Erziehung. Walter, Düsseldorf

Gebauer, K./Hüther, G. (2003): Kinder brauchen Spielräume. Perspektiven für eine kreative Erziehung. Walter, Düsseldorf

Gebauer, K./Hüther, G. (Hg.) (2004): Kinder brauchen Vertrauen. Erfolgreiches Lernen durch starke Beziehungen. Walter, Düsseldorf

Göll, E. (2002): Zukünfte – Möglichkeiten und Anforderungen aus der Zukunft. In: Beiträge zu Theorie und Praxis von Bildung in Kindertagesstätten. GEW-Jugendhilfekongress, Frankfurt a. M., S. 13–28

Grossmann, K. E./Grossmann, K. (2001): Das eingeschränkte Leben. Folgen mangelnder und traumatischer Bindungsbeziehungen. In: Gebauer/Hüther (2001), S. 35–63

Haug-Schnabel, G. (2003): Erziehen – durch zugewandte und

kompetente Begleitung zum selbsttätigen Erkennen und Handeln anleiten. In: Gebauer/Hüther (2003), S 40–54

Hilgers, M. (1997): Scham. Gesichter eines Affekts, Vandenhoeck & Ruprecht, Göttingen

Jürgens, E. / Standop, J. (2004): Psychosoziale Kompetenz aus der Perspektive der Schulentwicklungsforschung. In: Gebauer/Hüther (2004), S. 171–192

Kahl, R. (2005): Treibhäuser der Zukunft. Wie in Deutschland Schulen gelingen. www.archiv-der-zukunft.de

Largo, R. H. (2001): Babyjahre. Die frühkindliche Entwicklung aus biologischer Sicht. Piper, München

Largo, R. H. (2001). Kinderjahre. Die Individualität des Kindes als erzieherische Herausforderung. Piper, München

Lauper, E. (2001): Mobbing im Bildungsbereich. www.neueslernen.ch

Leber, A. (1986): Psychoanalyse im pädagogischen Alltag. Vom szenischen Verstehen zum Handeln im Unterricht. In: Westermanns Pädagogische Beiträge, Heft 11, 26ff.

LeDoux, J. (1998): Das Netz der Gefühle. Wie Emotionen entstehen. Hanser, München

Papoušek, M. (2001): Die Rolle des Spiels für die Selbstentwicklung des Kindes. In: Frühe Kindheit, Zeitschrift der deutschen Liga für das Kind, Heft 4

Papoušek, M. (2003): Spiel und Kreativität in der frühen Kindheit. In: Gebauer/Hüther (2003), S. 23–39

Papoušek, M. / von Gontard (Hg.) (2003): Spiel und Kreativität in der frühen Kindheit. Pfeiffer bei Klett-Cotta, Stuttgart

Saarni, C. (2002): Die Entwicklung von emotionaler Kompetenz in Beziehungen. In: Salisch (2002), S. 3–30

Salisch, M. von (Hg.) (2002): Emotionale Kompetenz entwickeln. Grundlagen in Kindheit und Jugend. Kohlhammer, Stuttgart

Schaarschmidt, U. / Fischer, A. W. (2001): Bewältigungsmuster im Beruf, Vandenhoeck & Ruprecht

Schäfer, G. E. (2003): Die Bedeutung emotionaler und kognitiver Dimensionen bei frühkindlichen Bildungsprozessen. In: Dörr/Göppel (2003), S. 77–90

Schön, B. (2002): Bildung der Gefühle durch Programme für Gewaltprävention. In: Dörr/Göppel (2003), S. 163–182

Spitzer, M. (2003): Lernen. Gehirnforschung und die Schule des Lebens. Spektrum, Heidelberg

Stierlin, H. (1994): Ich und die anderen. Psychotherapie in einer sich wandelnden Gesellschaft. Klett-Cotta, Stuttgart

Streeck-Fischer, A. (2002): Lebensphase Adoleszenz. In: Psychotherapie im Dialog. Thieme, Stuttgart, S. 315–317

Streeck-Fischer, A. (Hg.) (2004): Adoleszenz – Bindung – Destruktivität. Klett-Cotta, Stuttgart